本书系国家社会科学基金一般项目"以创新和质量为导向的人文社会科学研究评价机制及其实施体系研究"（批准号：12BTQ036）、2016年度中央高校基本科研业务费专项资金项目"华中师范大学科研绩效评估与发展研究报告"（项目编号：CCNU16A02014）的研究成果

高校哲学社会科学
创新能力评价模型与机制

谭春辉　著

科学出版社

内 容 简 介

本书是一部探讨高校哲学社会科学创新能力评价模型与机制的著作。全书以哲学社会科学创新能力理论为基点，系统梳理了哲学社会科学创新能力的内涵，系统构建了高校哲学社会科学创新能力评价指标体系，结合相应的综合评价模型方法，建立了高校哲学社会科学创新能力评价模型；从高校哲学社会科学创新能力评价的利益相关者角度，在明确高校哲学社会科学创新能力评价机制的具体内涵基础上，依次探讨高校哲学社会科学创新能力评价方法的优化、高校哲学社会科学创新能力评价程序的优化、高校哲学社会科学创新能力评价监督的优化，并设计了高校哲学社会科学创新能力评价机制的保障体系。

本书内容新颖，紧扣时代热点，可为信息管理与科学评价研究人员及哲学社会科学研究人员提供理论参考，又可为哲学社会科学管理、教育管理等部门提供实践参考，也可作为高等院校信息管理、公共管理、教育管理等专业师生的教材或参考书。

图书在版编目(CIP)数据

高校哲学社会科学创新能力评价模型与机制／谭春辉著. —北京：科学出版社，2016.5
ISBN 978-7-03-048382-9

Ⅰ.①高… Ⅱ.①谭… Ⅲ.①高等学校-哲学社会科学-创造能力-评价模型-研究 Ⅳ.①C

中国版本图书馆 CIP 数据核字（2016）第 114950 号

责任编辑：林 剑／责任校对：彭 涛
责任印制：赵 博／封面设计：耕者工作室

科学出版社 出版
北京东黄城根北街 16 号
邮政编码：100717
http://www.sciencep.com

北京厚诚则铭印刷科技有限公司印刷
科学出版社发行 各地新华书店经销

*

2016 年 5 月第 一 版 开本：720×1000 1/16
2025 年 3 月第三次印刷 印张：11 1/2
字数：230 000

定价：88.00元
（如有印装质量问题，我社负责调换）

目　录

第 1 章　哲学社会科学创新能力概述 /1

　　1.1　创新与创新能力 /2
　　1.2　哲学社会科学创新的内涵 /8
　　1.3　哲学社会科学创新能力的概念与特征 /18
　　1.4　哲学社会科学创新能力的形成机制 /20
　　1.5　哲学社会科学创新能力的构成要素 /26

第 2 章　综合评价的模型方法 /41

　　2.1　线性加权和函数法 /42
　　2.2　主成分分析法 /43
　　2.3　模糊综合评价法 /47
　　2.4　灰色关联分析法 /50

第 3 章　高校哲学社会科学创新能力评价指标体系的构建 /55

　　3.1　评价指标体系的功能 /56

3.2 评价指标体系的设计思路/57

3.3 评价指标体系的设计原则/57

3.4 综合评价指标体系的构成/61

第 4 章 高校哲学社会科学创新能力评价模型的构建/69

4.1 单个指标的评价/70

4.2 设计指标权重/77

4.3 构建综合评价模型/90

第 5 章 高校哲学社会科学创新能力评价的利益相关者分析/98

5.1 利益相关者的概念/99

5.2 利益相关者的分类/100

5.3 高校哲学社会科学创新能力评价利益相关者的界定/101

5.4 高校哲学社会科学创新能力评价利益相关者的利益诉求/103

第 6 章 高校哲学社会科学创新能力评价机制内涵分析/112

6.1 高校哲学社会科学创新能力评价利益相关者关系模型/113

6.2 哲学社会科学创新能力评价利益相关者间的主要利益关系/116

6.3 评价中利益相关者的角色重叠与角色转化/119

6.4 基于利益相关者理论的哲学社会科学创新能力评价机制/121

第 7 章　高校哲学社会科学创新能力评价方法的优化 /126

7.1　国内高校哲学社会科学创新能力评价常用方法 /127
7.2　360 度评价概述 /128
7.3　高校哲学社会科学创新能力 360 度评价的优势 /129
7.4　高校哲学社会科学创新能力评价方法的优化 /130
7.5　结语 /133

第 8 章　高校哲学社会科学创新能力评价程序的优化 /135

8.1　当前高校哲学社会科学创新能力评价程序存在的不足 /136
8.2　高校哲学社会科学创新能力评价程序优化的价值标准 /138
8.3　高校哲学社会科学创新能力评价程序优化的基本要求 /139
8.4　高校哲学社会科学创新能力评价程序优化的要素设计 /140
8.5　结语 /145

第 9 章　高校哲学社会科学创新能力评价监督的优化 /146

9.1　高校哲学社会科学创新能力评价监督的存在问题 /147
9.2　高校哲学社会科学创新能力评价监督的基本原则 /149
9.3　高校哲学社会科学创新能力评价监督体系的理想框架 /151
9.4　优化高校哲学社会科学创新能力评价监督的基本思路 /152
9.5　优化高校哲学社会科学创新能力评价监督的主要措施 /153
9.6　结语 /157

第 10 章　高校哲学社会科学创新能力评价机制的保障体系/158

  10.1　高校哲学社会科学创新能力评价机制保障体系的价值/159
  10.2　评价机制保障体系的总体框架/160
  10.3　评价机制保障体系的具体构建策略/160
  10.4　结语/165

参考文献/166

附录/172

第 1 章

哲学社会科学创新能力概述

1.1 创新与创新能力

1.1.1 创新的内涵

创新是人类社会的普遍现象，也是人类社会得以进步的推动力量，人类社会发展史就是一部充满生机、活力的创新史。随着知识经济时代的到来，创新成为一个越来越广泛作用的概念，创新决定着一个国家和民族的综合实力和竞争力。

创新研究横跨多个学科，经济管理、组织理论、战略管理以及营销等许多领域的学者从不同角度为创新理论的发展作出贡献。然而，创新是多维度的，既复杂，又因事而异，人们至今未能对其有一个清楚的认识。正如 M. C. Fiol 所指出的一样，尽管研究"创新"的文献很多，实证研究的深度很深、范围也很广，但始终没有形成一个主导性理论，甚至难以发现一个具有一致性的理论观点[1]。而 R. A. Wolfe 甚至认为，各研究文献对于"创新"的研究最具有一致性的观点便是"（各类）文献的研究结果是不一致的"[2]。

在《说文解字》中，"创"作"刅"，其释义是"造法刅业也"。段玉裁注释说："蒙上文井者法也而言。故云造法刅业。《国语》《孟子》字皆作'创'，赵氏、韦氏皆曰：'创，造也。'假借字也。"（《说文解字注·五篇下》）"新"，在《说文解字》中被释为："新，取木也。从斤。亲声。"段玉裁注释说："取木者，新之本义，引申之为凡始基之称。《采芑传》曰：'田一岁曰菑，二岁曰新田。其一耑也。"（《说文解字注·十四篇上》）[3]"创新"一词，在我国最早见于成书于南北朝时期的《魏书》"革弊创新者，先皇之志也"（《魏书》卷六十二），但其词意主要是指制度方面的改革、变革、革新和改造，在生产力低下的社会形态中，似乎并不包括科学技术的创新[4]。从此以后，

---

[1] Fiol M. C. Squeezing harder doesn't always work: Continuing search for consistency in innovation research [J]. Academy of Management Review, 1996 (21): 1012-1021

[2] Wolfe R. A. Organizational innovation: Review, critique and suggested research directions [J]. Journal of Management Studies, 1994 (3): 405-431

[3] 肖鹰. 创新患上"强迫症" [EB/OL]. http://www.rwsk.zju.edu.cn/web_news_de.asp?lid=4&id=2291, 2007-08-14

[4] 盖烈夫. 创新，企业生机与活力的源泉——系列之一 [EB/OL]. http://www.ibm.e-works.net.cn/document/200708/article1231_1.htm, 2007-08-15

"创新"作为一个词汇,在文献中一起出现,但基本上都用于指代政治制度的变革与改造。

由于"创新"的概念在理论界、学术界目前还没有形成大家公认的定义,所以上海辞书出版社出版的 1999 年新版《辞海》,也没有收录其中。商务印书馆 1996 年出版的《现代汉语词典》,也仅作了一个语义学的解释,创新指"抛开旧的,创造新的"显然过于笼统,不能概括创新丰富和深刻的内涵。

"创新"一词在英文中对应的单词是 Innovate(动词)或 Innovation(名词)。《简明牛津英语词典》对"Innovate"的解释含有"转变成某种新的事物、改变、更新、首次引入、带来或引入某种新事物、产生一种改变或在某种已确定的事物中的改变"等意思。根据韦伯斯特词典(Merriam-Webster dictionary)的解释,"Innovate"其含义有二:引入新东西、新概念(to introduce something as or as if new)和制造变化(to make changes)。这就是说,引入新东西、新概念是创新,制造新变化也是创新。

而真正将"创新"设立为一种理论、引起世人关注的当首推美籍奥地利经济学家约瑟夫·阿罗斯·熊彼特。1912 年,熊彼特在《经济发展理论》一书中,首次从经济学角度提出"创新"概念,并在以后的两部著作《经济周期》《资本主义、社会主义和民主主义》中,对创新理论进行了完善[①]。熊彼特从经济增长的角度较好地阐明了技术创新和经济发展的关系问题,指出"创新的基本内涵是旨在建立一种新生产函数或供应函数,是在生产体系中引入生产要素的生产条件的新组合,不断地打破经济均衡,经济发展依靠内部自身创造性来实现"。熊彼特所指的"创新"是一个比较宽泛的概念,它从企业的角度涵盖整个企业技术、生产、管理全过程,不局限某一特定领域,既包括产品创新、生产技术创新,又包括市场创新(即销售市场创新和供应市场创新)和组织制度创新,是一种广义的创新。具体来说包括以下 5 个方面:①采用一种新产品——也就是消费者还不熟悉的产品——或一种产品的一种新的特性;②采用一种新的生产方法,也就是在有关的制造部门中尚未通过经验检验的方法,这种新的方法决不需要建立在科学上新的发现的基础之上,并且也可以存在于商业上处理一种产品的新方式之中;③开辟一个新的市场,也就是有关国家的某一制造部门以前不曾进入的市场,不管这个市场以前是否存在过;④掠取或控制原材料或半制成品的一种新的供应来源,也不问这种来源是已经存在的,还是第一次创造出来的;⑤实现任何

---

① Joseph Alois Schumpeter. Essays on economic topics of J. A. Schumpeter (Essay and general literature index reprint series)[M]. Kennikat Press,1969

一种工业的新组织，如造成一种垄断地位，或打破一种垄断地位①。

自 1912 年熊彼特提出创新以来，创新理论得到不断丰富和发展。1950 年熊彼特去世后，熊彼特的创新理论的追随者沿着他的思路对创新理论进行了分解研究，重构经济理论，进行了实证分析和理论上的进一步探索，认为创新的概念所包含的范围比较广，既有技术性变化的创新，又有非技术性变化的创新，从而使"创新理论"主要朝着两个不同的方向发展：一是以技术变革和技术推广为对象的技术创新分支；二是以制度变革为对象的制度创新分支②。前者以爱德温·曼斯菲尔德（Edwin Mansfield）、莫尔顿·卡米恩（Morton I. Kanmien）、南赛·施瓦茨（Nancy L. Schwartz）等为代表，主要从技术推广、扩散和转移，以及技术创新与市场结构之间的关系等方面对技术创新进行深入的研究；后者以兰斯·戴维斯（Lance E. Davis）和道格拉斯·诺思（Douglass C. North）等为代表，主要是把熊彼特的"创新理论"与制度学派的"制度"结合起来，研究制度的变革与企业的经济效益之间的关系。所谓技术创新，是指企业家抓住市场的潜在盈利机会，以获取商业利益为目标，重新组织生产条件和要素，建立起效能更强、效率更高和费用更低的生产经营方法，从而推出新的产品、新的生产（工艺）方法、开辟新的市场，获得新的原材料或半成品供给来源或建立企业新的组织，它包括科技、组织、商业和金融等一系列活动的综合过程③。所谓制度创新，是指能够使创新者获得追加利益的现存社会经济体制及其运行机制的变革，从而产生一种更有效益的制度变迁过程。制度创新之所以能够推动经济增长就在于：一个效率较高的制度的建立，能够减少交易成本，减少个人收益与社会收益之间的差异，激励个人和组织从事生产活动，从而极大提高生产效率和实现经济增长④。目前，技术创新和制度创新在企业运营过程中已经密切结合，并发展为集成创新理论。

从 20 世纪 50 年代起，管理学家们开始将创新引入管理领域。美国当代著名管理学家德鲁克（Peter Drucker）将"创新"概念引入管理领域，从而进一步发展了创新理论。他定义的创新是指赋予资源以新的创造财富能力的行为，认为创新有两种：一种是技术创新，它在经济与社会中创造一种新的管理机构、管理方式或管理手段，从而在资源配置中取得更大的经济价值与社会价值；另一种是社会创新，它在经济与社会中创造一种新的管理机构、管理方式或管理手段，从而

---

① 约瑟夫·熊彼特著，何畏等译. 经济发展理论 [M]. 北京：商务印书馆，1990：73-74
② 张建华. 创新、激励与经济发展 [M]. 武汉：华中理工大学出版社，2000：10-18
③ 魏和平. 挑战杯是中国创造的一个无形"硅谷" [N]. 中国青年报，2007-11-16
④ 技术创新与制度创新互动关系的理论探源 [EB/OL]. ibbs. chinalabs. com/214038. html，2007-10-14

在资源配置中取得很大的经济价值与社会价值。

然而,无论是熊彼特的创新理论,还是德鲁克发展了的创新理论,都是狭义上的,随着人们对现代社会的科学、技术与经济发展、社会进步关系的研究的深入,产生了对于创新概念的广义理解。现代创新理论认为,创新是经济和社会价值实现的重要过程和有效方式,主要包括科学创新、技术创新、知识创新、管理创新、组织创新、体制创新、机制创新、文化创新、观念创新等[1]。也正如2000年6月江泽民在考察甘肃、宁夏工作时指出的一样:创新,包括理论创新、体制创新、科技创新及其他创新[2]。

综合以前学者的观点,本书提出创新的一般定义:在人类社会生产劳动实践中,人们能动地进行的产生一定价值成果的首创性活动,取得的那些对人类社会进步及人的发展具有长远而巨大的促进与加速作用的、在实质上不同于现有形式的任何新思想、新知识、新发现、新见解、新领域、新问题、新运用、新事物,并可以在市场上或社会中取得经济效益和社会效益。

1.1.2 创新能力的内涵

自从"创新"的概念成为世人关注的焦点后,"创新能力"又成为心理学家、经济学家、教育学家、政治家、军事家、文学家、艺术家、企业家、管理人员、技术人员及其他方面人员广泛使用的一个术语。

那么,什么是"创新能力"?这还得先从"能力"的概念说起。《现代汉语词典》将"能力"解释为:所谓能力,是指能胜任某项任务的主观条件。教育学理论认为,能力是顺利地完成某种任务或活动所必需的内在条件的综合,是影响活动效果的基本因素[3]。心理学理论认为,能力是直接影响活动效率,使活动顺利完成的个性心理特征。在这一概念框架下,首先,能力是和活动紧密相连的,离开了具体活动,能力就无法形成和表现;其次,能力是顺利完成某种活动直接有效的心理特征,而不是顺利完成某种活动的全部心理条件。而第一个将"能力"概念引入企业领域的是乔治·理查德森(George Richardson)。他于1972年提出,"能力"是指企业的知识、经验和技能。他认为企业需要由同样的能力去从事的活动是"相似活动",而"互补活动"需要由不相关的能力去从事,所

---

[1] Joe Tidd, John Bessant, Keith Pavitt. Managing Innovation: Integrating Technological, Market and Organizational Change (3rd Edition) [M]. London: John Wiley & Sons, 2005

[2] 江泽民《论"三个代表"》出版 [EB/OL]. http://www.people.com.cn/GB/shizheng/20010809/531124.html, 2007-10-16

[3] 朱作仁. 教育辞典 [Z]. 南京:江苏教育出版社,1992

以需要由不同的企业去完成①。自此以后，企业能力理论成为企业管理的主流理论之一。但是，能力理论目前还处于百家争鸣时期，艾米特（Amit R.）和舒梅克（Schoemaker P.）、科利斯（David Collis）、温特（Sidney Winter）等学者都提出企业能力的概念，虽然理论研究者对某些概念和原理达成共识，但是总体而言，能力理论并不系统和完整。但不可否认的是，企业能力理论的研究，为创新能力的定义和研究奠定了基础。

对于"创新能力"的概念，在教育学、心理学领域有众多学者对其进行了探讨。

吉尔福特（P. Guilford）认为，创新能力是由集中思维和发散思维构成，并以发散思维为主的智商表现②。托兰斯（E. P. Torrance）指出，创新能力并非是单一的能力，而是由若干种能力组合而成的，应包括敏感力、流畅力、变通力、独创力和重新定义的能力③。费德荷森（J. F. Feldhusen）则强调，创新能力是由知识基础、元认知技能和人格因素构成，即有一个广泛的流畅的知识基础和精通特定领域的技能，有一套加工信息和使用信息的元认知技能，有一系列的态度、特性、动机等因素④。阎立钦等认为，创新能力是运用一切已知信息，产生某种独特、新颖、有社会或个人价值的"产品"的能力，它包括创新感知能力、创新想象能力、创新思维能力和创新实践能力等⑤。李蕾认为，所谓创新能力，就是指一个人所具有的创造新思想、新事物的能力⑥。陈若松认为，创新能力是指主体在创新活动中表现出来的创新思维能力与创新智力化能力和创新人格化能力的内在整合体，其中，创新思维能力是核心和关键，创新智力化能力是基础和手段，创新人格化能力是动力和方向⑦。唐承业指出，创新能力就是指能为人类社会的文明与进步创造出有价值的、前所未有的或重新组合而集成的物质产品或精神产品的能力。或者说，创新能力是人们在解决问题的实践活动中表现出来的新颖而独

---

① 徐飞. 企业发展理论之十：核心能力理论［EB/OL］. http：//www. manage. org. cn/Article/ShowArticle. asp？ArticleID=42845. 2007-10-23

② J. P. 吉尔福特著，施良方，唐晓杰等译. 创造性才能［M］. 北京：人民教育出版社，1991：129

③ 段继扬. 创造性教学通论［M］. 长春：吉林人民出版社，1999：68-69

④ Feldhusen, J. F. Creativity：a knowledge base meta-cognitive skills and personality factors［J］. Journal of Creative Behavior, 1995（4）

⑤ 阎立钦等. 创新教育——面向21世纪我国教育改革与发展的抉择［M］. 北京：教育科学出版社，1999：40-45

⑥ 李蕾. 创新能力的四要素及其培养途径［J］. 职教论坛，2004（12）：4-6

⑦ 陈若松. 论创新能力的构成要素及其功能［J］. 湖北社会科学，2005（1）：96-98

特的心理、思维和方法的能力[1]。

然而,"创新能力"之所以得到世人的广泛关注并成为当今社会发展进步的动力源泉,更重要的是起源于经济学范畴的创新能力理论。正如英国著名管理学者、核心能力理论的首创者之一加里·哈默（Gary Hamel）所说：创新绝对不是什么具体的东西,也不是一种工具、技术、模型和过程,它是一种氛围、一种文化,一种有助于帮助个体最大限度发挥其潜能的环境[2]。也就是说,创新问题的本质并非在于技术研究和开发,甚至不在于如何进行技术性的创新过程管理,而是在于创新能力的培养。创新能力理论与创新体系理论相比,更为注重研究企业组织内部潜性知识对创新的影响,因而普遍引入了文化、领导、组织流程等分析因素。创新能力理论与目前流行于企业界和学术界的基于能力的战略管理理论有很好的适应性,因而具有强大的生命力。

经济学范畴的创新能力的概念由柏恩斯（T. Burns）和史塔克（G. H. Stalker）于1961年首次提出,最初用来表示"组织成功采纳或实施新思想、新工艺以及新产品的能力"[3]。戴布拉·艾米顿（Debra M. A. Amidon）把创新能力界定为：创造新思想的能力（思想创造商数）、使用好思想的能力（质量商数）、好思想最终成为市场化的产品或服务,并能够为企业带来利润的能力（创新商数）。他认为创新能力主要是基于创新过程的三个阶段：发明、转化和商业化,是创造（creation）、转化（conversion）和商业化（commercialization）相互依存的集成理论和实践过程的能力,是未来竞争所需要的能力[4]。斯蒂芬·夏彼洛（Shapiro S. M.）认为,"可以肯定的是,创新本身绝对是一种能力"。而且他认为,"创新"这种能力与企业其他能力一样,都主要是由五个要素所组成,即顾客与策略、绩效评估、流程、人员和科技[5]。李金明认为,创新能力是企业根据市场显现及潜在的需求,充分利用企业的人力资源、优化组合企业知识、其他能力以获得优势的竞争地位,并不断更新企业系统和技术的能力。实际上,企业创新能力表现为创新地组合企业稀有资源的能力[6]。

此外,由于"创新能力"的层次性,一般按照微观、中观到宏观的角度将其划分为"企业创新能力""产业（行业）创新能力""国家（区域）创新能力"三个层次。企业创新能力是指企业有效吸收、掌握和改进现有技术,并创造

---

[1] 唐承业.第三讲创新能力（之一）[J].中国教育技术装备,2007（2）：71-74
[2] 贝蒂塔·范·斯塔姆著,刘寅龙译.创新力[M].北京：高等教育出版社,2004：160
[3] 张国良,陈宏民.关于组织创新性与创新能力的定义、度量及概念框架[J].研究与发展管理,2007（1）：42-50
[4] 戴.艾米顿.知识经济的创新战略——智慧的觉醒[M].北京：经济管理出版社,1998：4
[5] 斯蒂芬·M.夏彼洛著,杨钢、林海译.永续创新[M].北京：电子工业出版社,2003：19
[6] 李金明.企业创新能力的分析模型[J].东北大学学报,2001（2）：27-30

新技术所需要技能和知识的能力[1]。产业技术创新能力是指通过引入或开发新技术，推动产业发展的能力。产业技术创新能力的大小主要取决于企业技术创新能力，同时，它还与产业内企业组织结构、产品结构等紧密相关[2]。国家创新能力是指一个国家长期创造并商业化世界性新技术的能力，是国家源源不断形成商业化创新的潜力[3]。

从上述分析可知，"创新能力"目前并未取得能够得到广泛认同的概念或内涵。本书认为，创新能力是指创新主体在取得新思想、新知识、新发现、新见解、新领域、新问题、新运用、新事物等创新活动中，所具备的本领、技能、潜力和相关资源。

1.2 哲学社会科学创新的内涵

1.2.1 哲学社会科学创新的概念

科学的生命在于创新，科学的灵魂在于创新。科学的发展过程也就是科学家不断创新的过程，一部科学发展史就是人类获取知识和认识真理的过程。哲学社会科学作为科学已得到世人公认，只有创新才能保持哲学社会科学的活力并使之获得持续发展。所谓哲学社会科学创新，是指哲学社会科学创新主体能动地运用新思想、新理论、新知识、新材料、新方法、新技术对人类社会现象、历史现象、精神现象以及人与自然的关系问题等进行的产生一定价值成果的、能够提示和预见其本质、规律和发展趋势的首创性科学探索活动，该活动既是一种首创性的理性加工过程，也是一种将理性加工成果转化为社会财富的过程。

一般来说，主体包括两个方面的含义：①在认识论中，主体是从事着认识和实践活动的人，可以是个人、社会集团或人类。主体之所以成为主体，就在于主体有意识、能思维，能将自身之外的客体自觉地作为实践和认识的对象。②从在事物存在和发展中所处的地位来看，主体又是指组成事物整体的诸要素中最基本

---

[1] Lall S. Technological capabilities and industrialization [J]. World Development, 1992, 20 (2): 165-186

[2] 匡晖. 论我国 IT 产业的发展策略 [J]. 现代管理科学, 2004 (6): 36-38

[3] Furman J L, Porter M, Stern S. The determinants of national innovative capacity [J]. Research Policy, 2002, 31: 899-933

的、最主要的主干部分，带有较明显的实体性①。哲学社会科学创新的主体是指参与哲学社会科学创新活动且具备创新功能的行为主体，可分为两类，一为研究主体，一为服务主体，主要包括企业、科研机构和大学、政府、咨询与中介服务机构，其结构如图 1-1 所示。

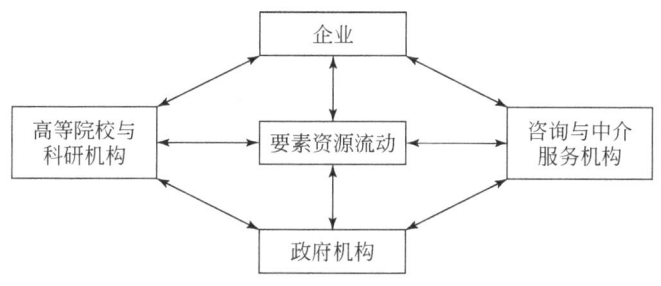

图 1-1　哲学社会科学创新主体结构

1.2.2　哲学社会科学创新的特征

哲学社会科学创新与自然科学创新作为科学创新的两种主要类型，其特征与自然科学创新既有共性，也有个性。

1. 哲学社会科学创新与自然科学创新的共同特征

1) 新颖性

新颖性主要是指创新方案与创新成果的新颖程度，从时间、地域、范围上划分为高、中、低三个层次。在古今中外世界范围内是前所未有的，称为首创、原创，是最高层次的新颖性；在某个地区、行业或领域内的新颖性属于中等层次的新颖；对某个个体而言具有新颖性称之为主观新颖性，属于低层次的新颖②。科学创新都必须具有新颖性才称得上是创新。当然，科学创新的最高境界是原始性创新，也就是新颖性的最高层次。何谓原始性创新？科技部部长徐冠华在 2001 年国家自然科学基金委全委会上的讲话中指出，"原始创新意味在研究开发方面，特别是在基础研究和高技术研究领域作出前人所没有的发现或发明，从而推出创新成果。它不是延长一个创新周期，而是开辟新的创新周期和掀起新的创新高潮。原始性创新孕育着科学技术质的变化和发展，促进人类认识和生产力的飞

---

① 李兆友. 技术创新主体论 [M]. 沈阳：东北大学出版社，2001：18
② 尹成湖等. 创新的理性认识及实践 [M]. 北京：化学工业出版社，2005：3

跃，体现一个民族的智慧及其对人类文明进步的贡献"①。

2）价值性

所谓价值，按照马克思主义政治经济学的经典理论，是指凝结在商品中的人类劳动，或一般的无差别的人类劳动的结晶②。从哲学的角度来说，价值泛指人们认为是好的东西，某种因为其自身的缘故而值得估价的东西，这种东西具有人所欲求的、有用的、有兴趣的质；价值也是主体主观欣赏的或主体投射到客体上的东西。总之，价值包括所有人作出的、能够纳入个人和社会的各种类型的规范判断的广阔范围（如道德的、政治的、审美的、宗教的、科学的价值)③。作为推动人类社会发展的主动力，科学创新活动具有强烈的目标取向，因此必然地具有某种价值的属性④。科学创新的价值性主要表现在其使用价值、经济价值、社会价值、理论价值、学术价值和推进人类文明进步的积极意义等方面。

3）系统性

系统是由相互作用和相互依赖的若干组成部分结合成具有特定功能的有机整体，而且这个系统本身又是它们从属的更大系统的组成部分⑤。这些组成要素保持有机的秩序，向同一目的行动。系统管理理论认为，作为一个系统，具有集合性、层次性、相关性、动态性、目标性等特征。科学创新首先表现为创新主体的一系列活动，它是由创新主体的各种创新的主观要素相互作用而表现出来的一个活动系统。同时，创新主体的一切创新活动都是在一定的社会环境中进行的，都要受到社会环境条件的制约和影响。制约和影响主体进行创新活动的各种社会环境条件因素又相互作用构成创新的环境系统。科学创新就是这两个系统相互作用的结果，是由这两个系统相互作用而构成的一个复杂的活动系统⑥。一个科学创新活动的实践就是一个复杂的系统的集成。任何一个环节的疏忽，都会影响科学创新的成功。在这个意义上，科学创新本身就是一个创新系统，由不同的创新子系统构成。

4）非线性

非线性理论是当今世界科学研究的前沿和热点，它涉及自然科学和人文社会科学的众多领域，揭示了许多复杂现象背后的客观规律，大量应用于天文、物

---

① 徐冠华．推动原始性创新培养创新型人才［J］．中国基础科学，2001, 15（2）：4-10
② 吴树青，卫兴华，洪文达．政治经济学（资本主义部分）［M］．北京：中国经济出版社，1993：29
③ 李醒民．价值的定义及其特性［J］．哲学动态，2006（1）：13-18
④ I. Frolov. Interaction between Science and Humanist Values ［A］. Social Science Today: Editorial Board. Science As a Subject of Study ［C］. Moscow: Nauka Publishers, 1987: 234-257
⑤ 钱学森等．组织管理的技术——系统工程［N］．文汇报，1978-09-27
⑥ 曾良怀．试论创新的系统性［J］．理论建设，2002（4）：21-24

理、军事、工业、生产、科研等领域，主要解决模式识别、图像理解、智能控制、优化问题、决策、预测、诊断、通信等诸方面的问题。20世纪70年代，随着科学的重点从线性因果关系转向非线性关系、不确定性、模糊性、不稳定性的关系研究转变，非线性理论诞生。非线性理论主要包括混沌理论、耗散结构理论、自组织理论、分形理论、突变理论、奇异性理论等[1]。非线性理论的主要观点为：经济的和其他社会的变量之间的非线性关系，能产生混沌行为，从而导致系统的不确定性；混沌行为对初始条件具有严重的依赖性，系统初始条件的一点小变化，最终能带来行为结果的大变化，这就是所谓的"蝴蝶效应"；系统整体的功能，既可以表现为整体大于部分之和，也可以等于部分之和，还可以小于部分之和，这种综合效应决定于部分之间相互作用的性质[2]；系统中的单元和元素反映和包含整个系统的性质和信息，系统处在不断发展变化之中，系统是动态的，经常与它的外界环境进行物质、能量和信息的交换。通过对科学创新的研究，人们发现，科学创新与经济增长和社会发展之间的各个环节和各个方面是交互作用的过程，一项大的创新活动往往是许许多多小的创新活动逐渐累积的结果，从而使对科学创新的认识发生了从线性到非线性的转变。科学创新一方面需要不同的创新系统开展创新竞争，这种竞争虽然造就了科学创新系统远离平衡态的自组织演化的条件，但是却推动了科学创新系统向有序结构的演化；另一方面需要不同的创新系统开展创新协同，这种协同能够使不同科学创新系统之间或科学创新系统内部诸要素之间保持合作性、集体性的相互合作与相互促进。因此，科学创新具有非线性的特征。

5）动态性

科学创新的过程是首尾相连的，也应是无限前进与上升的。特别是在当前科学界竞争加剧的环境下，为了保证科学的前沿性、领先性和竞争性，造成科学创新过程必然带有绝对的动态性和相对的静态性。科学创新一般可以分为三个阶段：①设想阶段，即产生创新想法、选择创新项目、引导创新早期项目计划；②实现阶段，即应用新理论、新方法、新技术、新资料等将创新设想转化为新的理论、新的观点、新的技术、新的成果；③应用阶段，即把实现的创新设想应用于实践之中，并取得相应的经济和社会效益。这三个阶段构成一个科学创新周期，但是科学创新的动态性又决定了下一个科学创新周期的出现。这也就形成了呈螺旋式往复上升的动态链科学创新过程，如图1-2所示。

---

[1] Jackson, E. Atlee. Perpectures of Nonlinear Dynamics [M]. Cambridge：Cambridge University Press，1989：6-62

[2] 张敏瑞，李国民. 非线性理论与创造性思维方式 [J]. 西北大学学报（哲学社会科学版），2004（3）：89-94

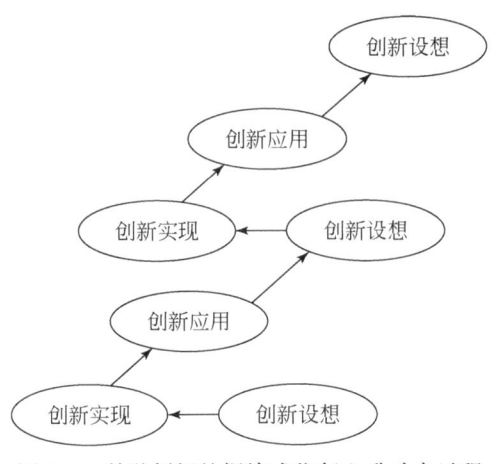

图 1-2 科学创新的螺旋式往复上升动态过程

6）风险性

科学创新既然是一个系统，那么肯定是由众多要素和关系组成的复杂事物，科学创新的这种复杂性和系统性既决定了它的艰巨性和高难度性，又决定了它必然是一个复杂的系统工程。因此，科学创新必然具有风险性。传统理论认为，风险与收益成正比，收益越高，风险越大。但是，风险一大，也就有可能导致创新活动以失败告终。所以，科学创新的过程，在很大程度上是风险与失败、风险与成功相伴相随的过程。一般来说，科学创新面临的风险主要包括投资风险、技术风险、商务风险、市场风险、决策风险、文化风险、政治风险、人才风险、制度风险、管理风险、环境风险等。毫无疑问，这些风险将给科学创新带来压力，使其进程充满艰辛。如果处理不当，就有可能打乱科学创新的正常进程，使其走调变味，难以保证达到预期目的。如果对影响创新成败的各环节风险因素做到心中有数，并对这些可能存在的风险制定较好的防范措施，就会将创新风险降到最低限度，提高创新的成功率。

7）交叉性

如今，几乎没有哪位科学研究工作者在从事纯粹的单一学科研究，"这是一个交叉科学的时代"已经成为科学界的共识。对于当代科学研究来说，不同学科的相互交叉和渗透更是一个突出特点。随着社会有机体的分化发展，科学已由古代和近代的"小科学"发展到现代的"大科学"，不同学科间的交叉融合往往蕴含着新观点、新方法，"大科学"工作，只有通过协作和交流，才有可能作出创新的成果。中国科学院前院长路甬祥就曾指出："学科交叉点往往就是科学新的生长点，在交叉点最有可能产生重大科学突破"[1]。科学发展的历史表明，科学上的重大突破、新的增长点乃至新学科的产生常常是由不同学科的彼此交叉、相互渗透而产生的。学科交叉、融合已成为当代科学发展的主要特点之一，当代重大的科学问题往往很难归为单一的学科，多数是交叉性的，解决这样的问题需要多学科协同，交叉的能力体现着科学的总体水平。无论是不同领域的专家学者之间的友好合作，还是已有学科领域的专家"改换门庭"创新业，对于科学创新来说，交叉性同样是其基本特征之一。

2. 哲学社会科学创新不同于自然科学创新的特征

1）理论指导性

哲学社会科学有着明显的意识形态属性，哲学社会科学创新必须坚持马克思列宁主义、毛泽东思想、邓小平理论、"三个代表"重要思想的指导地位，深入贯彻落实科学发展观，正确运用马克思辩证唯物主义和历史唯物主义的基本原理和方法，这既是发展哲学社会科学的根本，也是推动哲学社会科学创新的根本。马克思主义以无可辩驳的事实和逻辑揭示了人类社会发展的规律，是科学性与革命性高度统一、最富有生命力的理论体系，是我们认识世界、改造世界的强大理论武器。它不仅为工人阶级的解放运动指明了方向，而且以其着眼广大人民群众的坚定理论立场、历史和逻辑相统一的鲜明理论观点、唯物辩证的深邃理论思维、与时俱进的理论品格，打开了哲学社会科学创新发展的广阔视野。马克思主义本身是发展的科学，发展与创新是马克思主义科学世界观和方法论的精髓所在。马克思主义是科学的世界观、方法论和价值观，它所具有的开放性和与时俱进性决定了只有在坚持马列主义指导地位的前提下，才能真正促进广大哲学社会科学工作者去探索、提升和构筑我们的时代精神和理论思维，不断创造出新的思想、理论和观点，全面推进我国哲学社会科学的繁荣和发展。因此，运用马克思主义指导哲学社会科学研究创新，不仅不会束缚哲学社会科学工作者的创造性思维，还会为他们的分析、研究能力以及理论抽象能力提供科学武器和强大动力。把马克思主义与中国实际结合起来，正确回答当代中国全局性、战略性、前瞻性的重大理论和实践问题，以及在基础理论和文化建设上发挥积极作用，才能充分体现出哲学社会科学的重要价值和理论力量。坚持以马克思主义为指导，决不是教条式地搬用，或者脱离实际地用马克思主义一般原理去作抽象推论，或者用它的个别结论去代替具体的科学研究，而是要深刻领会它的精神实质，善于运用它

---

[1] 徐雁龙. "交叉科学时代"，交叉科学身安何处？[N]. 科学时报，2006-10-13

的立场、观点、方法去指导具体的社会科学研究及其学科建设①。

2) 政治敏锐性

哲学社会科学是以社会现象为研究对象的科学，其目的是为了阐述和揭示人类社会发展的规律，促进人与人、个人与社会、人类与自然界诸关系的和谐发展。哲学社会科学一般属于上层建筑的意识范畴，哲学社会科学中的绝大部分学科意识形态政治性鲜明，如哲学、政治学、法学、文学、历史学、伦理学、教育学、经济学等。哲学社会科学因其特有的政治属性，其变化总是引人关注的。哲学社会科学创新作为对原有理论观点的批判性摆脱、超越性否定、替代性发展，就必然表现为在一定的范围内对既有理论观点的修正、放弃，甚至否定。在我国，相当多的人对此表现出特有的敏感。当然，这种敏感在一般提倡社会科学理论创新时表现得还不明显，但一进入具体创新过程、一牵涉具体理论观点，就会很快凸显出来，并会日趋严重。这种敏感从理论创新的角度看，会导致人们对其误读，毫无疑问会给社会科学理论创新带来困难，或成为具体创新过程中的思想束缚，或为不当思想倾向推波助澜②。因此，在有关政治方向和政治原则的问题上，哲学社会科学工作者必须旗帜鲜明、立场坚定，必须自觉地与党中央的路线、方针、政策保持高度的一致。对学术问题提倡自由争论，对比较敏感的理论和实践问题，应当先内后外，慎重对待，以免造成误导。

3) 社会实践性

衡量哲学社会科学理论创新成效的唯一尺度是实践。"哲学是时代的产物，社会科学更是时代的产物，因为社会科学作为经验科学在更大程度上受制于它所要解释的经验"③。哲学社会科学能否真正成为科学，关键就在于能否走出纯学术理论和以学科为矛盾主要方面的诠释性研究，在以问题为中心的研究中实现创新。胡锦涛同志在"三个代表"重要思想理论研讨会上的讲话中指出：最广大人民改造世界、创造幸福生活的伟大实践是理论创新的动力和源泉，脱离了人民群众的实践，理论创新就会成为无源之水，就不能对人民群众产生感召力、对实践发挥指导作用④。胡锦涛同志的论述准确地说明了哲学社会科学创新必须紧紧立足人民群众的伟大实践。哲学社会科学的创新，一定要以我国改革开放和现代化建设的实际问题，以我们正在做的事情为中心，着眼于马克思主义基本原理的运用，着眼于对实际问题的理论思考，着眼于新的社会实践及其发展。30多年

---

① 胡锦涛. 国家社会科学基金项目优秀成果颁奖大会上的讲话 [EB/OL]. http://www.people.com.cn/item/ldhd/hujint/1999/jianghua/jh003.html, 2007-12-26

② 刘彦昌. 社会科学理论创新及其路径选择 [J]. 理论与改革, 2001 (6): 36-38

③ 秦宣. 繁荣哲学社会科学的关键在理论创新 [J]. 探索, 2002 (1): 59-63

④ 胡锦涛. 在"三个代表"重要思想理论研讨会上的讲话 [EB/OL]. http://news.sina.com.cn/c/2003-07-02/0010301802s.shtml, 2007-11-26

的改革开放，全面建设小康社会的崭新实践，基本实现现代化、实现民族复兴的壮丽前景，正在并继续改变着中国大地的面貌。这场变革无论就其深度还是广度来说，不仅决定着中华民族的发展进程，而且深刻地影响着整个世界的发展。这就为哲学社会科学研究提供了大显身手的广阔舞台和千载难逢的历史机遇。积极投身到这个宏伟而壮阔的事业进程中，描绘和总结时代的一步步变化，思考和回答实践提出的一个个课题，成为当代中国哲学社会科学工作者义不容辞的责任，也是我国哲学社会科学创新繁荣的唯一途径[1]。特别是哲学社会科学所产生的新思想、新理论、新知识、新观点、新方法等，只有经过长期的社会实践检验，才能确认其正确与否、创新与否。

4）时间滞后性

所谓滞后性是指人们对认识对象——社会现象及过程的认知与把握明显地带有"事后思维"的性质和特征，表现为只有在一定的社会实践活动之后，或者在某一历史过程较充分展开之后，人们通过对已经历的过程与已形成的结论进行反思，才能对认识对象具有全面的认识和真正的把握。而且，面对同一认识对象或过程，由于人们观察的视角不同和主观认识能力上的差别，往往造成对其评价和结论的差异性。这种认识的滞后性，来源于社会现象的本质及规律固有的不可逆转性、不可重复性，使哲学社会科学研究不可能像自然科学研究那样经过重复性的试验得出精确性的认识和经验[2]。科学真理最初只掌握在极少数人手中，而不是掌握在大多数人手中，科学创新思想是一种新生事物，它既是一种新思想的诞生，同时也是对旧思想的否定。科学创新思想处在思想的最前沿，站在时代的最高峰，是历史的超越，而大多数人的思维还停留在原处，在大多数人的眼中，科学创新思想总是离经叛道，违反常识，甚至是荒诞无稽的，不可能的，人们往往在不自觉地用陈旧的观念去衡量科学创新思想，因此科学创新思想刚诞生的时候经常是反对者多，支持者寡[3]。这种时间滞后性表征了哲学社会科学创新的复杂性和艰巨性，也意味着哲学社会科学创新评价的复杂性和困难性。因此，哲学社会科学创新的成果和程度必须经过锲而不舍、持之以恒、矢志不渝的探索研究，用实践来检验，用时间来衡量。

---

[1] 周爱兵. 大力推进哲学社会科学创新发展 [N]. 光明日报，2004-04-20
[2] 张晓敏. 哲学社会科学创新的本质及规律探讨 [J]. 河南师范大学学报（哲学社会科学版），2004（3）：16-18
[3] 刘朝建. 论学术自由与学术平等是科学创新的保障 [EB/OL]. http：//bbs.gmw.cn/dispbbs.asp?boardID=6&ID=7984&page=18，2007-11-29

1.2.3 哲学社会科学创新的类型

哲学社会科学创新是一个内涵与外延都十分丰富的概念，涉及的面很广。根据不同的分类标准，可以衍生出不同的分类方法。

（1）从创新的对象来分，哲学社会科学创新分为理论创新、知识创新、观点创新、方法创新、技术创新和制度创新。哲学社会科学理论创新是指是以马克思主义为指导，结合新的时代特点和社会实践，对前人的基本理论观点进行创造性的丰富和发展，适应社会发展趋势，深入借鉴世界各国的哲学社会科学成就，构建适合研究和分析中国社会与文化的新的理论体系，其形式包括原创性的理论创新、更替性的理论创新、增添性的理论创新和具体化的理论创新[①]。哲学社会科学知识创新从广义的角度是指通过特定的认识活动，增进哲学社会科学创新所需知识的过程，从狭义的角度是指通过科学研究获得新的基础科学和应用科学知识的过程，是一个包含新知识的产生、扩散、传播以及转移的过程，它是由基础研究推动的创新活动。哲学社会科学观点创新是指哲学社会科学研究人员在某一具体事实或个别问题方面提出新的见解或看法。哲学社会科学方法创新是指哲学社会科学研究人员提出与前人不同的研究方法，并运用于自己的研究中。哲学社会科学技术创新是指哲学社会科学研究人员应用新技术、新工艺来实现哲学社会科学的创新研究。哲学社会科学制度创新是指在哲学社会科学发展中，改进现有的制度安排或引入一种全新的制度以提高效率、协调创新主体间的关系，有力地刺激和规范创新主体的行为，进而有效地创造、改进和扩散新的知识技术，保证哲学社会科学创新取得更好的绩效，保证哲学社会科学的可持续繁荣发展。

（2）从创新的程度来分，哲学社会科学创新可分为突变性创新、渐进性创新及根本性创新。突变性创新是指由于某一哲学社会科学创新，使相应的哲学社会科学领域在短时间内发生质的突破。渐进性创新是指创新时间周期长，通过对现有哲学社会科学理论方法等的改进引起的连续的、渐进的创新，每一次只产生微小的改进，而无质的突破。根本性创新是指有重大突破的哲学社会科学创新，并会在随后引起人类社会现象、历史现象、精神现象以及人与自然的关系问题等理论、观点、方法和实践的变化，推动社会的积极进步。

（3）从创新成果的性质来分，哲学社会科学创新可分为创造性创新、否定性创新和继承性创新。创造性创新是指哲学社会科学创新成果的内容和性质是前人没有的，是全新的，属于新发现、新知识、新理论。否定性创新是指哲学社会

---

① 宋志斌．论社会科学的理论创新［J］．宁夏社会科学，2003（6）：4-6

科学创新成果的内容和性质是推翻前人的理论，属否定的否定。继承性创新是指哲学社会科学创新成果的内容和性质不仅局限于自身的实践，在继承运用前人的理论和方法的基础上有所发展、有所发现、有所发明的创新。

（4）从创新的形式来分，哲学社会科学创新可分为：全新理论、全新观念的提出，如马克思的劳动价值论、剩余价值论，就是一种空前的全新理论；对原有命题、原有观点的拓展和发展，如中国共产党的思想路线的与时俱进，就是这种形式的理论创新；赋予原有命题新的内涵，即对原有命题进行新的解读，或者丰富其内容，或者发现其新含义；对原有的成果进行新的组合，赋予其新形式、新风格；重新提出原已沉寂的命题加以阐发并产生积极的社会效应[1]。

（5）从创新的模式来分，哲学社会科学创新可分为技术推动创新模式、需求拉引创新模式、综合作用创新模式、计划引导创新模式。技术推动创新模式是指由于技术革新和科技进步促进哲学社会科学研究向前发展，并产生出具有新颖性和价值性的新理论、新观点和新方法等。需求拉引创新模式是指由于社会进步和科技发展引发出哲学社会科学领域新的问题和新的需求，从而推动哲学社会科学工作者为解决这些新问题和新需求所进行的创新性科研活动。综合作用创新模式是指哲学社会科学在技术推动和需求拉引的综合作用下，促进哲学社会科学创新性科研活动的开展并取得相应的成果。计划引导创新模式是指通过国家的指令性计划来提高哲学社会科学发展计划，引导哲学社会科学人才和资源的合理配置与有效使用，促进哲学社会科学的创新发展。

（6）从创新的来源来分，哲学社会科学创新可分为自主创新、模仿创新和合作创新。自主创新是指哲学社会科学创新主体以自身的研究开发为基础，致力于率先实现哲学社会科学成果的创新发展。模仿创新是指哲学社会科学创新主体通过学习模仿自主创新者的方法，引进、购买或破译其核心技术和技术秘密，并以此为基础对其进行消化、吸收和改进的创新活动。合作创新是指不同的哲学社会科学创新主体之间以彼此的利益为结合点，通过资源共享，在资源的互补和整合过程中，开展创新的哲学社会科学创新过程。

（7）从创新的层次来分，哲学社会科学创新可分为基础研究创新和应用研究创新。哲学社会科学基础研究创新是指探索人类社会现象、历史现象、精神现象以及人与自然的关系问题等的基本规律，揭示各种人类社会现象、历史现象、精神现象以及人与自然的关系问题等之间的联系，开辟新领域，创立新理论，建立新法则。哲学社会科学应用研究创新是指根据已有的哲学社会科学基础研究成果和当前或长远的社会需要所进行的有特定目标的研究活动，重点探索社会生产

---

[1] 纪宝成. 创新与人文社会科学的发展 [J]. 中国人民大学学报, 2003 (3): 5-8

领域中应用新原理的可能性及其途径，从而产生新知识、新观点、新方法、新成果。

1.3 哲学社会科学创新能力的概念与特征

1.3.1 哲学社会科学创新能力的概念

哲学社会科学创新能力是指哲学社会科学创新主体在探讨人类社会现象、历史现象、精神现象以及人与自然的关系问题等创新活动中取得新思想、新知识、新发现、新见解、新领域、新问题、新运用、新事物等所具备的本领、技能、潜力和相关资源。它是哲学社会科学创新系统中各要素相互作用的结果，是哲学社会科学创新主体有效利用和优化配置各种创新资源（包括人才、机构、设备、场地、经费等有形资源和创新文化、政策机制、组织管理等无形资源），通过理论创新、知识创新、观点创新、方法创新、技术创新、管理创新等各种哲学社会科学创新活动，产出高水平哲学社会科学创新成果（包括论文、著作、研究报告等直接成果以及创新人才和成果应用所产生的经济、社会效益等间接成果），并形成具有竞争优势的哲学社会科学领域与创新特色的综合能力，是哲学社会科学创新主体创新效率的重要衡量指标。

1.3.2 哲学社会科学创新能力的特征

哲学社会科学创新能力的基本特征如下。

1）路径依赖性

哲学社会科学创新能力往往以一定的创新活动轨迹为基础累积而产生，通过内化到哲学社会科学创新主体的个人或组织结构中并形成创新主体的知识、技能和经验，从而形成本哲学社会科学创新主体特有的创新能力。因此，哲学社会科学创新能力是一种存量，一种由系统内在动力和外部整合集成力决定的具有有形和无形特性的资源。

2）系统整体性

哲学社会科学创新能力是一个由多种能力要素组合而成的系统能力。哲学社会科学创新能力是一个系统，是各种能力的综合，是各种要素的有机结合。作为一个系统，它的整体功能绝不是各个组合要素的简单叠加，而是在相互作用、相互制约中发生了协同和相干，呈现出一种非线性的非加和关系。这些构成要素形成具有高度有机性的链状结构，任何环节的受阻都会导致哲学社会科学创新能力的低下，缺少任何一个要素都会破坏系统的整体性，而改变各构成要素相互联系的结构，则会影响整体功能的实现。

3）外部开放性

哲学社会科学创新能力的外部开放性表现为哲学社会科学创新主体可以根据哲学社会科学创新的需要调动和吸收外界能力要素来完善内部能力结构，同时还能改造外部环境，创造出更加合适的生存条件，及时获取先进的理论、知识和方法，进行知识创新和知识价值的实现，加速哲学社会科学创新的速度。哲学社会科学创新能力的外部开放性也意味着外部环境对哲学社会科学创新能力的形成和发挥有影响和制约作用。因而，完善的哲学社会科学创新系统，应该是哲学社会科学创新主体内在能力和外界环境所能赋予的能力的结合。

4）动态渐进性

一般来说，哲学社会科学创新能力不是哲学社会科学创新主体一朝一夕就能拥有的，而是要经过长期的学习和不懈的创新实践的积累才能逐步具备的。通常情况下，哲学社会科学创新能力是在特定的哲学社会科学创新领域，沿着创新主体现有的创新轨道，并以创新主体特定的理论、成果和方法为主线逐步提高。哲学社会科学创新主体只有经过长期不断地创新实践，才能使其哲学社会科学创新能力实现从弱到强、从低级形态到高级形态的增长。另外，哲学社会科学创新能力系统是一个开放的系统，与外界的物质、能量、信息有着密切的关系，随着哲学社会科学创新系统复杂程度的增加，与外界交换强度也不断加强，创新要素和创新子系统会因内外因素的影响发生量变甚至质变，导致哲学社会科学创新能力也发生变化。

5）客观规律性

哲学社会科学创新能力是一个经济概念，同时又是一个科学概念。哲学社会科学创新能力在其发展过程中涉及的因素既有社会经济方面的因素，又有哲学社会科学方面的因素。因此，哲学社会科学创新能力的实践，既要受哲学社会科学发展规律的制约，又要受社会经济发展规律的制约。只有当这两方面规律完满地得到遵循，哲学社会科学创新能力才能真正得到实现和提高，才能真正帮助哲学社会科学创新主体形成"创新—积累—发展—创新"的良性循环，从而推动哲学社会科学繁荣发展。

6）主观能动性

哲学社会科学创新能力的强弱受到客观规律的制约，但同时突出地强调人的主观能动性的发挥。这一观点贯穿于哲学社会科学创新能力的各个构成要素中，突出体现在创新管理能力中。不论是哲学社会科学创新战略管理能力，创新机制运动能力，还是创新过程的管理能力，都无不渗透着对人的主观能动性的要求。鼓励和调动创新主体的创新意识和效用观点对哲学社会科学创新能力的提高起主导性作用。提高哲学社会科学创新能力的实质是要造就一大批勇于创新、善于创新的优秀哲学社会科学人才[①]。

7）层次差异性

哲学社会科学创新能力存在差异性，既包括同一创新主体创新能力在阶段上的差异性，又包括不同创新主体创新能力各具特色。前者表明创新主体在哲学社会科学创新的不同阶段由于不同的创新投入可能导致具有的创新能力不同，后者则指不同类型、不同环境、不同组织特性的创新主体的哲学社会科学创新能力具有的侧重点不同，各具个性。

1.4 哲学社会科学创新能力的形成机制

所谓机制，是指系统为了实现某种功能的内在工作方式，包括其组成部分的相互作用，以及这些组成部分之间因发生变化而形成的相互性质和相互联系[②]。哲学社会科学创新能力形成机制是指能够形成哲学社会科学创新能力的各类要素间的内在工作方式、相互作用，以及这些要素之间因发生变化而形成的相互影响与相互联系。

哲学社会科学创新能力的形成原因有多种，如理论的推动、市场的推动、政策的驱动、竞争的推动等，但都可以归结为两种形成机制：一是内源驱动机制，即哲学社会科学创新研究主体（根据第1章的研究范围界定，此时指高等院校）自发的内在工作方式和相互作用；二是外源推动机制，即主要来源于哲学社会科学创新主体外部环境的力量间的内在工作方式和相互作用。这两种机制相辅相成，相互融合，形成强大的内部驱动力和外部推动力，共同构成哲学社会科学创新能力的形成机制。在这两种力量作用下的哲学社会科学创新能力形成机制模型如图1-3所示。

---

① 欧阳康. 发展创新能力，提高研究质量［J］. 中国高等教育，2006（7）：27-29
② 邱均平，谭春辉，任全娥. 我国人文社会科学评价机制的研究现状与三维框架［J］. 科技进步与对策，2008（2）：138-141

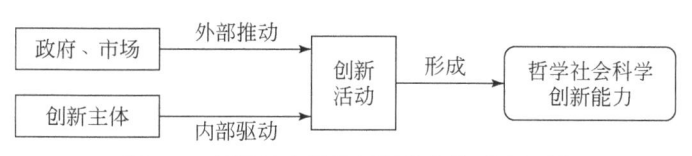

图 1-3 哲学社会科学创新能力的形成机制

1.4.1 外部推动机制

哲学社会科学创新能力的外部推动机制主要来自于政府和市场。

哲学社会科学创新能力的形成，需要哲学社会科学创新体系各要素主体的协调配合，也需要实现创新资源的合理流动与科学配置，这些都离不开各级政府及其下设机构作用的发挥。

1. 各级政府及其下设机构对哲学社会科学创新能力形成的推动作用

1）建立哲学社会科学创新的法律保障体系

加强哲学社会科学创新法制建设，健全知识产权保护体系，维护哲学社会科学创新活动正常秩序，为哲学社会科学创新活动提供根本的法律保障。健全的知识产权保护体系，不仅是哲学社会科学创新项目所有者权益的保护屏障，也是哲学社会科学创新投资者防范投资风险的重要手段。发展提高哲学社会科学创新能力，必须在制度安排上，建立健全知识产权保护体系，保护哲学社会科学创新知识产权所有者的合法权益，打击侵害知识产权的违法行为。

2）创造适宜的哲学社会科学创新环境

在哲学社会科学创新活动中，政府通过法律、经济和组织管理等手段，在制度、法规和政策等方面，引导哲学社会科学创新活动的方向，激励各创新要素主体的协同创新，保护创新成果和协调创新要素主体间的矛盾，为哲学社会科学创新创造良好的宏观环境，包括社会文化环境、科研环境、竞争环境等，为哲学社会科学创新体系中各要素主体的创新活动提供便利和保障，尽可能地扫除哲学社会科学创新过程的障碍，促进哲学社会科学创新的繁荣发展。

3）加大哲学社会科学创新的投资力度

哲学社会科学创新是一个沙里淘金的过程，哲学社会科学创新需要大量的资金支持。现有的国情决定了政府要担负起，实际上也一直在担负着，对哲学社会科学予以财政支持的职责。按照哲学社会科学与自然科学同样重要的精神，这一支持根据财政状况要逐步增加，以至在一定时期应有相当大的倾斜。为支持哲学社会科学创新活动，国家社会科学基金、国家自然科学基金、教育部、各省份相关机构通过建立和完善相关项目管理政策和增加投入的办法，积极促进提高哲学社会科学创新能力，培育高等院校和社会科学院系统在哲学社会科学创新中的主体地位。国家社会科学基金、国家自然科学基金、教育部、各省份相关机构对哲学社会科学创新投入机制管理的不断完善，不断深化改革，强化竞争机制，使用效益提高，都能够有力地促使哲学社会科学创新能力的提升。

4）完善哲学社会科学创新奖励制度

哲学社会科学创新离不开激励，激励机制的建设是提高哲学社会科学创新能力的重要内容，一个没有建立有效的激励机制的哲学社会科学创新体系是缺乏创新活力的，是没有能力激励人才创新的。因此，需要完善哲学社会科学创新奖励制度，建立适应新时期哲学社会科学创新工作特点的哲学社会科学科研人员业绩考评制度，拓宽奖励渠道，完善哲学社会科学创新工作激励机制。例如，国家教育部为进一步发展繁荣高校哲学社会科学，从2003年开始实施哲学社会科学人才培养和奖励计划，增加高校文科教师在"高校优秀青年教师奖"中所占的比例，将高校文科教师列入"骨干教师培养计划"；在进一步完善"中国高校人文社会科学研究优秀成果奖励"制度的基础上，实施哲学社会科学学术精品奖励计划，对具有重大学术价值的基础研究成果和解决重大现实问题的应用研究成果给予重奖。近几年来，我国已基本形成了"国家社会科学基金优秀成果奖""中国高校人文社会科学研究优秀成果奖""省哲学社会科学优秀成果奖""省高等学校哲学社会科学研究优秀成果奖"等从国家级、省级到市级的哲学社会科学创新奖励体系，为奖励在哲学社会科学研究中作出贡献的集体和个人，充分调动和发挥广大哲学社会科学工作者开展科学研究的积极性、主动性和创造性，促进哲学社会科学事业的繁荣发展，推动哲学社会科学创新能力的提升起到了良好的表率作用与引导作用。

从外部力量来看，哲学社会科学创新能力的形成，必须充分发挥政府与市场在推动哲学社会科学创新中的互补作用，完善哲学社会科学创新的市场机制建设，加强社会各部门在哲学社会科学创新中的分工和职能协调，使理论研究、应用研究与发展计划有机地结合起来。

2. 市场机制对哲学社会科学创新能力形成的推动作用

1）需求拉动

创新需求拉动理论认为，创新是企业对市场变化的一种本能反应[1]。哲学社会科学的繁荣发展与创新发展，除了政府在宏观层次上给予一定的导向外，自身

---

[1] 李翠娟，宣国良. 集群合作下的企业信息流动分析 [J]. 情报科学，2006（5）：659-662

的理论观点、知识方法等与社会的需求之间的差距也是促使哲学社会科学不断进行渐进性和突破性创新的主要因素之一，特别是对于哲学社会科学应用研究创新来说更是如此。可以说，市场需求是哲学社会科学创新的经济前提，正是需求带来的报酬对哲学社会科学创新起着强烈的刺激作用；市场需求的变化将会引导哲学社会科学创新主体的创新取向，激发哲学社会科学创新主体的创新活力。以市场需求为导向的哲学社会科学创新活动在给创新主体带来利润的同时，又促使市场需求发生新变化，形成一个"需求—创新—再创新"向上发展的良性循环。市场需求为哲学社会科学创新提供了方向性指引，引导了哲学社会科学创新主体的创新行为，从而形成哲学社会科学创新能力。

2）市场激励

市场激励机制，是哲学社会科学创新主体通过市场机制实现其哲学社会科学创新利己目标的一种制度安排。从哲学社会科学创新市场激励分析，市场形成了哲学社会科学创新自组织的机制，对哲学社会科学创新有一种导向和激励作用，这种激励是通过市场对哲学社会科学创新效果的检验来实现的。如果哲学社会科学创新的成果能满足市场需求，哲学社会科学创新主体就可获得相应的回报；反之就会受到市场惩罚。

3）中介服务

科研中介组织是介于哲学社会科学创新研究主体与企业、政府之间，从事沟通、协调、公正、咨询等服务活动的专业性机构，其本身不从事实物性的生产经营活动。这里所说的中介组织，既包括那些协助、促进哲学社会科学成果转化，在哲学社会科学创新活动中起桥梁和纽带作用的机构和组织，如生产力促进中心、图书情报信息中心等；也包括那些为哲学社会科学创新活动提供服务咨询的机构和组织，如企业咨询事务所、人才交流服务机构、网络与信息服务机构等。科研中介是哲学社会科学创新成果产业化的一个重要的中间环节和重要载体，是联系哲学社会科学研究与经济的重要纽带。科研中介服务体系是哲学社会科学创新体系的一个重要组成部分，在促进哲学社会科学创新和发展方面，发挥着"黏合剂"的重要作用，对提高哲学社会科学创新能力有重要作用。

4）成果转化

虽然哲学社会科学成果不如科技成果那样更具市场导向性与市场交易性，但也不能排除哲学社会科学成果对经济发展和社会进步的市场化行为，如作为哲学社会科学成果形式之一的咨询报告，就是哲学社会科学成果转化的产物。可见，哲学社会科学创新在加强基础性和前沿性研究的同时，必须重视应用研究创新。因此，要根据国家和社会需求，走产学研相结合的道路，带动相关基础研究发展，借助合作企业的优势提升哲学社会科学创新能力，建立适应市场经济的社科成果与社会的转换或交换机制，尤其是哲学社会科学创新成果的转化能力，及时转化创新成果，从社会上不断获取发展资源，有力地支持和推动经济发展和社会进步。

1.4.2 内部驱动机制

哲学社会科学创新研究主体（高校）是哲学社会科学创新能力的源泉，主要是通过以下机制来促进哲学社会科学创新能力的形成和提升。

1) 人才开发

人才是创新的主体，人才资源是第一资源，是科研活动中最活跃的能动要素，优秀拔尖人才更是作出重大突破的基础创新、领先创新和核心技术创新的关键因素。高素质的人才是最为稀缺的哲学社会科学创新资源，是决定哲学社会科学创新水平的关键因素，是哲学社会科学创新的根本动力和竞争制胜之本。因此，必须加强人才开发，全面提高科研人员素质，重点培养和引进一大批哲学社会科学创新带头人，形成多元哲学社会科学创新人才结构。高校不仅是培养人才的基地，也是高级人才荟萃的场所。截止到 2006 年年底，高校哲学社会科学教学和研究人员总数达到 364 063 人，其中女性为 182 099 人，约占 50%。具有高级职称的教师 129 411 人，其中教授 36 138 人，副教授 93 273 人，分别占总人数的 9.93% 和 25.62%。队伍整体素质有所提高，其中具有博士学位的 26 455 人，具有硕士学位的 99 934 人，分别占总人数的 7.27% 和 27.45%，比 2005 年各增加了 0.97 和 2.73 个百分点[①]。高校这支庞大的、源源不断的科研新生力量，是其他任何科研机构和部门所无法比拟的，也是哲学社会科学创新能力形成与提升的重要保障。

2) 资源整合

哲学社会科学创新需要大量的资源，这些资源来自哲学社会科学创新体系中的各个要素主体。高校作为哲学社会科学创新的主体，其内部也存在着多种资源，同时也需要借助于一定的外部资源。因此，必须以良好的资源整合机制来促进哲学社会科学创新主体的资源储备和资源共享。创新资源的整合是指根据创新主体开展哲学社会科学创新项目活动，全方位地分析已有的创新资源，形成有形和无形资源的相互转化，综合集成优势资源，如信息、人才、技术、设备等，形成创新资源的合力，实现创新资源使用的最大价值。在资源整合机制下，学科整合对哲学社会科学创新能力的形成和提升发挥着重要作用。据知名专家预测：未来的科学技术很可能

---

① 2006 年高校哲学社会科学研究统计报告 [EB/OL]. http://ww.hie.edu.cn/fzqs/news.asp?new=792, 2007-11-29

在各科学之间的交叉领域形成新的科学前沿，发生新的突破①。现代学科的发展朝着高度分化和高度综合并以综合为主的方向发展，自然科学、社会科学和人文科学之间的交叉、渗透和综合已成为必然，学科间的不断交叉、融合和补充，使新兴学科不断产生，交叉学科和边缘学科大量涌现，一批新的科学前沿和研究方向正在迅猛发展，许多重大科学成就的取得，往往都来自于交叉和边缘学科。可以通过实现不同学科的联合攻关，打破学科壁垒，实行多学科联合攻关，开拓学者的学识和思路，提高哲学社会科学成果质量，提升哲学社会科学创新能力。

3）内部激励

激励机制是增强哲学社会科学创新体系要素主体的创新动机，提高其创新能力，赋予其创新权利，合理分担创新责任，增大创新成功概率，激发要素主体创新动机显现的过程。哲学社会科学创新成功与否，不仅与要素主体的创新动机和能力有关，也与其在哲学社会科学创新中享有的权利和承担的责任有关。同时，由于哲学社会科学创新将涉及众多的人员、部门和活动，因此，建立多层次、全方位的激励机制显得尤为重要。通过建立利益激励、能力激励、权利激励、责任激励等激励机制，建立健全客观、公正的人才评价体系，形成人才公开竞争的环境，创建优越的创新环境和良好的创新文化，最大限度地激发哲学社会科学科研人员的自主创新、创业激情和活力，进一步调动他们的积极性和创造性，以培育和提高哲学社会科学创新能力。

4）教研相长

教学、科研是高等学校的两大职能，人才培养和哲学社会科学创新是相互促进的关系。高水平的科学研究不仅能直接产出重大哲学社会科学创新成果，而且能够促进高校的学科与师资队伍建设，促进创新型人才的培养。据统计，影响人类生活方式的重大科研成果，70%诞生于高水平研究型大学。1993～2000年美国获诺贝尔奖的51位科学家中，有47位来自美国的高水平研究型大学。日本获诺贝尔科学奖的9位学者中，有6位是来自研究型大学的教授，从而使日本跻身于基础研究先进国家的行列②。对于中国来说，绝大多数科学研究也是由高校来完成的，特别是哲学社会科学研究，高校具备的绝对优势是其他哲学社会科学创新研究主体所不能比拟的。现代高等教育的基本特点之一就是把科研引进教学过程，将科研活动作为培养创新型人才的重要途径。目前高校都比较注意教学与科研紧密结合，培养创新型后备人才。教师把科研中获得的新知识、新成果及时补充到教学内容之中，这样不仅能提高学生学习的兴趣，也能提高他们参与科研的

---

① 徐冠华. 重视创新文化增强国家原始创新能力 [N]. 人民日报, 2003-11-06, 11版

② 张杰. 推进研究型大学建设，提升高校国际竞争力 [EB/OL]. http://www.sjtu.edu.cn/newsnet/newsdisplay.php? id=13829, 2007-11-30

兴趣，让学生及早介入科学研究的过程，培养学生的创新精神和创造能力。总之，高校哲学社会科学创新与人才培养是相互联系、相互促进和相辅相成的，两者有机结合，提高了教学、科研资源的利用效率，达到了既出高水平的哲学社会科学创新成果，又出高层次创新人才的双重效能。而创新型后备人才的培养，无疑是哲学社会科学创新能力形成与提升的动力之一。

5) 学术自由

按照德理克·朗特里（Derek Rowntree）的观点，学术自由是指高校与学院作为教育机构所要求的不受外界（如政府）指令支配、自己决定本校的教学与科研计划的权利。学术自由同样指教师个人所要求的在教学与科研上不受干扰（特别是来自本校的干扰）与不因自己的政治见解而受到迫害的权利[1]。科学的历史表明，伟大的科学成就不是能够由金钱简单堆砌出来的，要依靠伟大的科学家，他们都有一颗富有想象力和创造力的大脑。因此，建立能够培养、发现、选拔创新人才的学术机制和营造能够使科学创新思想生存、发展的自由、平等、宽容的学术环境和氛围比简单的金钱投入更为重要。学术自由是大学自由精神的最明显的体现，它意味着学术必须从政治、集团的各种利益中解放出来，还意味着要从大学里的各种束缚中挣脱出来，这也是大学文化创新的必然前提。一个自由宽松、和谐民主、探索求真的学术环境，对于培育优秀的科学家和杰出的创新成果具有举足轻重的作用。在自由活跃、民主宽松的创新文化氛围中，教师之间、师生之间可以形成良好的互动关系，创新思想才会像泉水一样涌流、绵延不绝。可以说，没有学术自由的学术创新最有可能导致自欺欺人的虚假学术繁荣。如果事先能够按照某个规矩或者指导思想进行研究就能有超越性的创新，那真正意义上的科学也就不需要存在了[2]。因此，学术自由是哲学社会科学创新能力形成和提升的内在动力之一。

1.5 哲学社会科学创新能力的构成要素

哲学社会科学创新活动是一个新知识、新思想、新观点、新理论、新方法的生产、传播、应用与扩散的过程，是一个多要素投入和多要素产出的过程，这就决定了哲学社会科学创新能力不是一种单一能力，而是由知识的、技术的、管理

---

[1] 高德胜. 制约高校创新人才培养的几个问题 [J]. 黑龙江高教研究, 1999 (6): 84-87

[2] 惩治学术腐败，需还学术自由 [EB/OL]. http://news.qq.com/a/20060312/000552.htm, 2007-12-29

的、文化的等诸多相互联系的要素构成的有机整体，是由多维能力构成的能力系统。克莱顿·克里斯坦森（Clayton M. Christensen）和迈克尔·雷纳（Michael E. Raynor）基于传统的"以资源为基础的观点"（RBV），将组织能力分解为三要素：组织的资源（resource）、流程（process）和价值观（value），把它称之为组织能力的"RPV模型"①。借鉴这一思想，本书认为，哲学社会科学创新能力主要包括三个方面：创新投入能力、创新运行能力和创新产出能力，分别对应资源、流程与价值观，构成了一个哲学社会科学创新能力要素系统。

根据第1章的研究范围界定，本书接下来将以高等院校作为哲学社会科学的创新研究主体，较为详细地探讨其哲学社会科学创新能力构成要素的内涵。

1.5.1 哲学社会科学创新投入能力

哲学社会科学创新是一种资源重新组合以获得效益的行为，而创新的投入则是启动创新和维持创新的基础。哲学社会科学创新投入能力是指哲学社会科学创新活动中投入的资源数量和质量。创新资源是指创新活动所需要的各种投入，包括人力、物力、财力等各方面的投入。尽管哲学社会科学创新资源投入的多少，与哲学社会科学创新产出能力的大小不存在简单的线性相关关系，但创新资源投入对创新产出的影响是显而易见的。如果假定所投入的创新资源的利用程度是变量，而且其他影响因素不变，创新的产出能力是创新资源投入能力的函数。因此，哲学社会科学创新资源投入能力是哲学社会科学创新活动得以进行的最基本的先决条件，并在一定程度上体现哲学社会科学创新能力的发展趋势和可能的作用空间，也是衡量哲学社会科学创新能力的一个重要的指标。

一般来说，哲学社会科学创新投入能力主要取决于以下三个方面：

1）科研队伍

早在20世纪60年代，诺贝尔经济学奖获得者西奥多·W.舒尔茨（Theodore W. Schultz）就提出了人力资本的理论，其基本观点包括：①人力资本投资的作用大于物力资本投资；②教育投资是人力资本投资的主要部分；③人力资本投资增长速度远大于物力资本投资的增长；④资本积累的重点应从物力资本转移到人力资本②。在创新资源中，人力资源是最重要的资源要素。哲学社会科学创新人力资源，是指投入哲学社会科学创新活动中的科研人员，他们是哲学社

---

① Christensen C. M, Raynor M. E. The Innovator's solution: creating and sustaining successful growth [M]. Boston: Havard Besinness School Press, 2003: 25-54

② 西奥多·W. 舒尔茨著，蒋斌，张蘅译. 人力资本投资——教育和研究的作用 [M]. 北京：商务印书馆，1990：55

会科学创新运行的主体源泉。哲学社会科学创新人力资源投入，是指从事哲学社会科学创新活动的科研人员的数量及结构，从而反映出哲学社会科学创新人力资源的规模、数量与质量。社会活动的主体是人，人的素质的高低直接影响人们社会实践的效率。人力资源的状况在某种程度上规定了创新行为的可行性和可能性。雄厚的人力资源是加快创新速度、提高创新质量的重要因素。没有一支思想解放、功底扎实、学风严谨的科研队伍，哲学社会科学创新就会成为空中楼阁。我们的国家之所以过去能够取得一大批具有重要影响的哲学社会科学科研成果，最重要的是因为拥有一批国内外公认的学科带头人和学术骨干。正是在他们的努力下，我国哲学社会科学研究才能成果累累、社会影响巨大。

当然，并不是所有的哲学社会科学科研人员都能成为哲学社会科学创新人才，哲学社会科学创新人才有其独有的特征。哲学社会科学创新人才除应具备一般创新主体的基本素质外，如优良的道德品质、合理的知识结构、综合的能力结构、稳定的心理品质，还应具备以下条件：一是坚持马克思主义的立场、观点和方法；二是要有追求真理、献身科学的使命感和责任感；三是要有实事求是、解放思想、敢于创新的理论勇气；四是要有深厚的学术底蕴、深邃的学术眼光和宽宏的学术气度[1]。从目前的实际情况来看，我国高校哲学社会科学创新人才的素质不高，特别是高层次创新人才十分短缺，能跻身国际前沿、参与国际竞争的战略哲学社会科学家更是凤毛麟角。因此，提高哲学社会科学创新能力，必须加紧落实教育部的"高层次创造性人才计划"，重点从三个层次组织实施。一是通过"长江学者创新团队发展计划"，吸引、遴选和造就一批具有国际领先水平的学科带头人和学术大师，形成一批优秀创新团队；二是通过"新世纪优秀人才支持计划"，培养、支持一大批学术基础扎实、具有突出创新能力和发展潜力的优秀学术带头人；三是通过"青年骨干教师培训计划"，培养造就数以万计的青年骨干教师，带动教师整体素质的提升。可以说，这三个层次的哲学社会科学创新人才构成了高校哲学社会科学创新人力资源投入的主体与核心。

2）科研经费

现代意义上的科学创新，不可能由单兵作战的方式来完成，也不可能在简陋的条件下来实现。无论是从创新的条件、创新的动机、创新的目的还是从对创新的评价和激励的角度看，经济基础、物质因素都是科学创新能力形成的必要社会条件和物质利益动因。科学创新活动的组织工作越来越庞杂，创新活动的中间环节越来越复杂，创新活动的成本越来越高，因而也就越来越需要全社会的鼎力支

---

[1] 张晓敏. 哲学社会科学创新要素分析[J]. 河南师范大学学报（哲学社会科学版），2005（6）：45-48

持和大量的物质资金投入。资金是创新成功及创新成果转化的先决条件和重要保证。国务院发展研究中心与国家统计局，于1998年对各省份进行了技术创新调查，调查结果显示，阻碍企业技术创新活动开展及其能力提高的十一项具体因素中，"资金缺乏"成为排在首位的因素，得分远远超过其他因素，与资金有一定相关性的"创新项目成本太高"和"创新风险大"也分别排在较重要位置。中国企业家调查系统公布的调查结果表明，"创新资金引进渠道不畅"是妨碍企业家创新行为有效开展的第二位因素。而清华大学经济管理研究所完成的两项调查表明资金问题是企业技术创新的第一阻碍因素[①]。哲学社会科学创新与科技创新一样，同样需要大量的资金支持，需要在强大的资金支持下提升创新能力。

哲学社会科学创新财力资源投入能力从经济的角度亦反映了高校哲学社会科学创新能力较强的风险承担能力以及融资能力，一方面促进了哲学社会科学创新的顺利实施，另一方面也提高了哲学社会科学创新的规模和档次。资金是哲学社会科学创新的血液，不论是前期的研究、中期的试验还是后期的成果转化都需要大量的资金支持，资金源源不断地供给，才能保证哲学社会科学创新的持续、顺利开展。哲学社会科学创新财力投入主要表现为科研经费的投入。充足的科研经费投入是科研活动的动力，是哲学社会科学创新的物质基础，是哲学社会科学创新活动得以进行的最基本、最重要的资源投入，是推动哲学社会科学创新运行的客观源泉，是作出创新成果、不断提高哲学社会科学创新能力的可持续性发展的支撑条件和坚实基础，是哲学社会科学创新能力发展必需的生命能源。"巧妇难为无米之炊"，没有充足的经费是不可能设计、开发和承担起相应的科研项目的，更别说哲学社会科学创新性成果。可以说，高校支配和使用的哲学社会科学科研经费的数量，特别是获得教育部哲学社会科学研究重大课题攻关项目、国家社会科学基金项目、省级哲学社会科学基金项目的多寡，在一定程度上表征了高校哲学社会科学创新能力的物质保障能力、风险抵抗能力和持续发展能力。

3）科研设施

无论是哲学社会科学研究还是创新成果转化，都需要一定的物质条件。哲学社会科学创新物质资源，是指投入哲学社会科学创新活动中的物质基础设施。哲学社会科学创新物质资源投入，是指为支持哲学社会科学创新活动的物质基础设施的数量及档次，从而反映出哲学社会科学创新物质资源的规模和数量。创新科研设施是创新体系的必需条件，会对哲学社会科学创新的开展与成效产生重要的影响。对于哲学社会科学创新活动来说，创新科研设施主要包括研究基地、实验室、大型科研设施、数据库、信息网络和图书馆等基本条件。随着科学的发展，

---

① 袁勇志. 创新行为与创新障碍 [M]. 上海：上海三联书店，2003：15

以往单科演进的学科发展模式已为多学科的交叉、渗透、相互关联和相互制约的学科发展特征所代替。多学科相互结合，特别是自然科学与社会科学的紧密结合是历史的必然。哲学社会科学创新不仅要求自然科学和社会科学的各主要部门进行多方面的广泛合作，综合运用多学科的知识和方法，而且要求把自然科学和社会科学知识结合成为一个创造性的综合体。同时，人文社会科学创新需要社会的宽容和支持，它需要通过特殊的制度安排，形成自我调节与宏观调控相结合的机制[1]。只有创造出一流的科研设施和科研环境，为哲学社会科学创新研究和开发提供先进的基础设施，才能更好地保证哲学社会科学创新能力的持续发展。

原始性哲学社会科学创新需要良好的科研设施作为支撑，高水平的基础研究基地是产生原始性哲学社会科学创新成果的温床。哲学社会科学创新科研设施投入的关键在于依托教育部和省级人文社会科学重点研究基地、人才培养基地，发挥好优势学科的辐射和带动作用。尤其是哲学社会科学重点研究基地，已成为哲学社会科学创新极其重要的依托，是实现国家哲学社会科学资源优化配置、汇集拔尖人才并形成创新团队、壮大国家哲学社会科学创新能力、产出哲学社会科学重大研究成果、发挥哲学社会科学社会服务功能的新型科研组织形式，是高校特别是高水平研究型大学哲学社会科学科研实力的一个重要标志，是培养和凝聚创新人才、承担重大哲学社会科学项目的重要平台。

当然，哲学社会科学创新科研设施的投入中，也不能忽视信息资源的重要性。信息资源既是实现哲学社会科学研究创新的基础，又是推动哲学社会科学研究创新的动力。首先，信息资源提供哲学社会科学创新必不可少的原创性资料；其次，信息资源预测哲学社会科学研究创新的发展趋势；最后，信息资源提供哲学社会科学研究创新必不可少的方法论指导[2]。

1.5.2 哲学社会科学创新运行能力

哲学社会科学创新是一种资源重新组合以获得效益的行为，而创新的运行则是推动创新和提高创新的动力。哲学社会科学创新运行能力是指在哲学社会科学创新活动中能使各种创新元素有效地运作起来的程度和效率。光有充裕的人、财、物等创新资源，并不能得出哲学社会科学创新效果显著的结论，也不能就此认为哲学社会科学创新能力就比较强。人、财、物等创新资源要得到合理流动与

---

[1] 胡凯，阳太. 刍论我国人文社会科学创新的平台建设 [J]. 中南大学学报（社会科学版），2004 (2)：157-160

[2] 蔡瑛. 信息资源与社会科学研究创新 [J]. 东岳论丛，2004 (5)：194-197

合理配置，要能实现其绩效最大化，还需要对其进行科学合理的管理与激励。因此，哲学社会科学创新运行能力是哲学社会科学创新活动得以发展的重要推动力量，并在一定程度上体现哲学社会科学创新能力的发展后劲和创新潜能，也是衡量哲学社会科学创新能力的一个重要的指标。

一般来说，哲学社会科学创新运行能力主要取决于以下三个方面。

1）社会支持

科学创新活动具有较强的社会根植性。社会根植性，在社会学上又称为嵌入性，一般将其定义为"与社会行为和结果一样，经济行为和结果受行为人之间的相关关系及其整个网络的结构影响"[①]。这种关系及网络成为社会网络。社会网络的存在，可以降低成员之间的交易成本，增强网络结点间的信任，加强网络结点间的团结，加强网络结点间的合作，优化网络结点间的关系，增强网络结点的环境适应能力，加快信息在结点间流动，提供更为广阔的学习界面，提高知识在网络内的扩散水平，共享社会关系网络、劳动力市场和服务，共享市场机会及分担风险，提高网络内结点的持续创新能力，从而维系网络组织的持续竞争优势。社会根植性的机制通过信任机制和社会资本影响创新主体要素之间的相互关系，加大要素根植于所在创新系统的力度，进而影响了创新的发生。哲学社会科学创新是一个开放的系统，闭门造车是难以成功的，同样需要来自于外部的社会网络支持。社会支持因素对高校哲学社会科学创新有着重要的影响，对高校哲学社会科学创新起到补缺、支撑和强化的作用，良好的社会支持能力可以部分转化为高校哲学社会科学的创新能力。

哲学社会科学创新运行能力的社会支持，主要表现在以下几个方面：一是智力资源支持。哲学社会科学的发展，并不能仅依赖于某一个或某几个人的努力，需要的是团队合作，有时甚至还需要借助于团队外部的智力资源，特别是在当前哲学社会科学领域内各个分支相互的交叉和融合、哲学社会科学与自然科学的交叉与融合成为哲学社会科学创新的新的增长点时。哲学社会科学科研合作反映的是高校与其他研究机构合作的状况，也是知识有效流动的重要渠道，而且可以使知识朝创新方向流动。二是财力资源支持。哲学社会科学创新活动不能脱离一定的社会经济基础而存在。社会经济环境是影响哲学社会科学创新的最基本的社会环境变量，是社会对哲学社会科学创新活动的"硬性"的制约要素。政府、企事业单位及科技服务部门对高校哲学社会科学创新经费上的支持，是社会财力资源支持的具体表现，会激励高校哲学社会科学创新的积极性，在一定程度上左右

---

① 徐志良等．战略网络中的嵌入关系及其特征和影响分析［J］．科技进步与对策，2003（10）：11-12

着高校哲学社会科学创新的走向。三是生活环境支持。优美的自然环境和生活环境，有利于哲学社会科学研究和激励哲学社会科学科研人员的创造性思维与创业精神，而且，自然环境和生活环境越好，一般吸引有专长的哲学社会科学科研人员长期定居的磁力越大。

2）管理机制

新制度经济学认为，制度的存在，可以解决不断出现的社会问题和约束人们的竞争和合作方式。制度可以降低创新中的不确定性和交易费用，可以提高对创新的奖励，好的制度选择会促进创新，不好的制度选择会将创新引离经济发展的轨道或扼制创新①。管理是建立秩序、激活力量、提高效率的手段。在当今世界经济与社会生活中，管理已逐渐显示出超越其他学科的巨大威力，成为促进经济与社会发展的强劲动力。许多国家的历史经验证明，一个国家的经济发展和综合国力提高与该国管理水平的发展与提高是同步的，没有科学的管理，就不可能有现代社会的一切重大成就。哲学社会科学创新固然不能离开一定的物质技术条件，但所有这些条件的实施最终还要靠人。哲学社会科学创新作为一种复杂的心智活动，不仅与人的思想境界和精神状态密切相关，而且与创新的社会环境和创新的机制密不可分。因此，要努力营造一个良好的环境和氛围，特别是在鼓励创新的机制上要有新的突破，有新的举措。一个具有良好管理机制的高校可以面对并解决哲学社会科学创新过程中出现的重大缺陷，能够焕发和激起高校的哲学社会科学创新活动的积极性，磨合并协调哲学社会科学创新的各环节和各部门，在一定程度上减少哲学社会科学创新的风险和不确定性。建立适应哲学社会科学创新的机制，关系到调动广大哲学社会科学工作者的积极性和创造性的问题，直接关系到哲学社会科学创新是否出成果，以及成果的数量和成果质量的问题，也关系到哲学社会科学创新人才脱颖而出的问题。建立管理机制的原则，应是既要符合哲学社会科学研究的自身规律，又要适应社会主义现代化建设的需要；既有利于哲学社会科学的发展，又能促进哲学社会科学人才的培养和提高。

管理机制是基础性的，有了一个好的管理机制，就会促进哲学社会科学创新。建立这个管理机制的核心是如何对待哲学社会科学创新成果和哲学社会科学创新人才问题，本质在于如何对待创新精神问题，其目的是促进高校哲学社会科学创新活动的开展，增强高校哲学社会科学创新活动的有效性，即力图以新的、更有效的方式来实现高校哲学社会科学创新体系的总目标。理论创新、方法创新

---

① 孔宪香．试论制度建设是建设创新型国家的重要内容［EB/OL］．http：//www.sddx.gov.cn/001/001016/001016007/2421816594312.htm，2007-12-02

与机制创新、管理创新是相辅相成的，管理体制要与哲学社会科学发展的要求相适应。在哲学社会科学管理上，多年来虽有改进，但是力度还不够大，成效还不够显著。我们现在的管理方式，还带有计划经济的色彩，要适应国家经济社会发展的需要，以国际眼光、先进理念、时代要求，大力推进高校哲学社会科学的管理创新。这既是哲学社会科学繁荣发展的重要内容，也是进一步繁荣发展哲学社会科学的重要突破口[1]。因此，需要把尊重知识、尊重人才落到实处，根据哲学社会科学研究与发展的特点和规律，在研究项目的设置招标、课题的管理鉴定、成果的评价、职称的晋升聘任、人员的奖励与激励等方面，探索和建立一套导向正确、科学规范、充满创新活力和发展动力，能为科学决策和现代化建设提供理论支持与智力服务的管理机制体系。这是实现哲学社会科学创新的客观前提，也是繁荣和发展哲学社会科学事业的题中应有之义。

3）组织文化

一般而言，一个民族的创造活动，是一个民族的生存状况和精神状态的体现，同时又为这个民族历史地造成的社会文化观念、制度和规则所制约。创新作为人的文化行为，是只能在一定历史条件下进行的价值选择和创造活动。创新方向的确定、创新活动的开展，都依赖特有文化的性质与结构，尤其是它的内在张力。由此，人们创新的取向和内容，创新的意识和能力，都会由于社会文化的性质与形态的不同而不同[2]。所谓文化，主要指社会所特有和嗣承的观念模式、价值模式、行为模式和制度模式，既包括价值观、态度、信念、行为规范和人们普遍持有的见解等，也包括与之相适应的社会体制和制度。文化规定并潜移默化地影响着人的基本素质和心理性格的形成，对人类的社会性活动有着深刻和内在的影响[3]。所谓组织文化，是指在组织的各个层次得到体现和传播，并被传递至下一代员工的组织运作方式，其中包括组织成员共同拥有的一整套信念、行为方式、价值观、目标、技术和实践[4]。组织文化也是一种群体控制机制，但它是非正式的。由于哲学社会科学创新包含着不可预知性、冒险和不规范的解决方法，传统的一些正式控制机制难以实施有效的管理，因而有效的文化管理是增强高校哲学社会科学创新能力的核心措施之一。在哲学社会科学创新过程中，良好组织文化对哲学社会科学创新具有潜在的影响作用，这主要表现在两个方面：一是建立在组织成员相互理解支持基础上的和谐气氛，二是能够充分发挥个人创新积极

---

[1] 袁贵仁. 大力推进科研管理创新，全面提升高校哲学社会科学研究能力 [J]. 中国高等教育，2004（17）：9-13

[2] 张曙光. 理论创新：时代的要求和问题 [J]. 中国社会科学，2003（1）：83-85

[3] 李惠国. 关于增强自主创新能力建设创新型国家的几点思考 [J]. 学术探索，2006（2）：28-35

[4] 迈克尔·茨威尔. 创建基于能力的企业文化 [M]. 王申英等译. 北京：华夏出版社，2002：49

性的平等竞争气氛，使获得自由的科研人员在这种一致性的基础上进行交流与合作成为可能，从而促进创新。

并不是所有的组织文化都能促进哲学社会科学创新，保守和落后的组织文化不仅不会促进哲学社会科学创新，相反，它还是哲学社会科学创新的障碍和阻力。因此，必须创建有利于哲学社会科学创新的组织文化，也就是要建立创新型的组织文化。这种创新型的组织文化具有以下特征：

第一，支持冒险与变革。创新并不是盲目的冒险。但是由于各方面的原因，哲学社会科学创新仍然具有很多的风险。失败可能带来巨大的损失，同时也可能使创新实施者受到指责。因此，为了繁荣发展哲学社会科学，必须坚持马克思主义在意识形态领域指导地位的基础上，支持哲学社会科学研究中的冒险与变革。

第二，对待创新成果的宽容态度。哲学社会科学创新作为一种开拓性的精神活动，是对前人研究的一种超越，这种超越由于受各种因素的影响并不是一步到位的，而是渐进的，甚至有时是倒退的。因此，对哲学社会科学研究不能过分地挑剔，要鼓励、倡导、保护这种研究，并着重从它可能产生的学术影响上作出前瞻性的理解。

第三，鼓励科研合作。哲学社会科学创新研究，需要充分尊重学者的个人劳动，但在社会越来越发达、越来越复杂的今天，许多重大问题的解决需要哲学社会科学工作者长期集体攻关、协同作战，少数个体是无法完成的。即便是个人的活动，相互之间的交流与协作也同样是不可缺少的。

第四，宽松的学术氛围。只有学术空气活跃，形成百家争鸣的局面，才有利于相互启发，博采众长，激发思维，才有利于新思想、新观点、新学派的形成和优秀人才的脱颖而出，才能真正形成科学研究生机勃勃的局面。百花齐放、百家争鸣，反映了哲学社会科学发展的内在规律，是发展繁荣哲学社会科学的正确方针。要遵循学术发展的特点，充分发扬学术民主，活跃学术空气，倡导"兼容并蓄、有容乃大"的思维倾向和学术气度，提倡不同学派、不同学术观点的相互切磋和争鸣，提倡充分说理的批评和自我批评。

第五，强烈的创新倾向。创新倾向是指哲学社会科学科研人员具有的创新主动性和前瞻性。创新倾向表现为创新率高、创新视野开阔、创新规划长远以及具有强烈的创新愿望。没有创新愿望，一切创新活动都不能发生。可是，仅有创新愿望，创新将停留在动机阶段。只有创新行为产生后创新愿望才具有真实性。创新倾向是对创新愿望的真实性和创新愿望的强烈程度的反映。创新倾向强表现为哲学社会科学创新活动多，创新倾向弱表现为哲学社会科学创新活动少。

第六，恰当的创新动力。高校哲学社会科学创新的动力表现为高校进行哲学社会科学创新的积极性和主动性，表现为高校对哲学社会科学创新的责任感和紧迫感。高校如果没有创新意识，没有哲学社会科学创新的主动性和积极性，没有追求哲学社会科学创新的责任感和紧迫感，就不会有哲学社会科学创新的行为，更谈不上哲学社会科学创新的能力。

1.5.3 哲学社会科学创新产出能力

哲学社会科学创新产出是高校哲学社会科学创新能力强弱的最直接体现，也是哲学社会科学创新活动成功与否的客观尺度，同时还会在较大程度上决定以后高校哲学社会科学创新活动的取向。哲学社会科学创新产出既是先前创新活动的产出，又是后续创新活动的投入，没有足够的哲学社会科学创新产出，就意味着高校哲学社会科学创新能力不强，也将直接影响下一阶段高校开展哲学社会科学创新的信心、决心和能力。哲学社会科学创新产出能力，包括创造和发展新知识、新理论的知识创新能力，将新知识、新理论转化为新方法、新流程和新服务的能力以及实现科研成果的转移、传播、扩散和渗透，形成现实生产力的成果转化能力，反映了将创新资源和投入转化为价值形态的哲学社会科学创新成果的能力，是对哲学社会科学创新最终效果的评价，是哲学社会科学创新能力的直接体现。

一般来说，哲学社会科学创新产出能力主要表现在以下三个方面。

1）科研产出

科研产出，也就是哲学社会科学科研活动所产生的成果，是哲学社会科学创新产出能力的最直接表征，科研产出的数量多寡与质量高低直接反映了哲学社会科学创新能力的强弱。哲学社会科学研究成果必须具备五个基本要素：①以社会现象及其发展规律为研究对象；②基础理论研究成果必须经学术权威部门鉴定，应用研究成果必须被实践证明；③有积极的社会效应（益）或一定的经济效益，只有产生正效应的研究结果，才能称为真正意义上的研究成果；④必须有一定的被人们认可的表现形式，如论文、论著、报告等；⑤必须有明确的结论，如创立新的理论、学说，提出新的观点、思想，或提出新的策略、对策、措施等[1]。

对于哲学社会科学来说，哲学社会科学成果按类型来分，可以分为以下6类：①专著，专著就是专题研究性著作，属于基础研究类的成果；②论文，专著作为相对巨大的系统性科研工程，应具有一定数量的前期准备成果，高水平的学术著作无不建立在相当数量的论文基础上，论文也属于基础研究类的成果；③调研报告，调研报告基本上属于应用类研究成果；④学术资料，理论上，凡是与学

---

[1] 杨家栋，秦兴方. 社会科学研究成果的评价及其指标体系[J]. 齐鲁学刊，2001（2）：122-129

术研究相关的文字的或事物的内容，均可以作为学术资料；⑤工具书，成果形式是词典、手册、年鉴等；⑥译著（文），这里指的是由外国文字书写的哲学社会科学著作译成汉语的学术类成果①。

如果按成果的性质来分，哲学社会科学成果可以分以下 4 类：①文化积累型。这主要是指整理和翻译古今中外重要文献典籍方面的成果。②学术研究型。这主要是指学术理论研究方面的成果。③决策咨询型。这主要是指为政府、企业决策和社会发展服务方面的成果。④通俗普及型。这主要是指为提高一般民众的哲学社会科学素质服务方面的成果②。

从表征哲学社会科学创新能力的角度来看，哲学社会科学科研产出更应关注成果的质量，而不仅仅是看其数量。尽管哲学社会科学成果的产出与其他的产出一样，需要有一定的规模表征，这是毫无疑问的。无论是评价一个研究单位、一个学校还是具体的研究者个人，首先可以作为客观依据的也正是这种规模表征。但是，在这种规模表征的基础上，更要注重其精品之作、传世之作，并通过这样的高质量成果来衡量其研究水平和研究基础③。这也就意味着对于哲学社会科学科研成果的评价，要正确处理量与质的关系，在质的基础上追求量，从而建立以质为主，兼顾数量的合理的科研成果评价制度。

2）学科建设

高校哲学社会科学学科建设与哲学社会科学创新是相互促进、相互影响的关系。哲学社会科学创新是学科建设的灵魂。如果没有哲学社会科学创新，学科建设势必停滞，甚至萎缩。人类文明的不断前进，就是人类在思想、理论、科学、文化上不断创新的结果。任何一门哲学社会科学学科的诞生和发展，都是哲学社会科学学科创新的结果。某一学科从无到有，从低到高，从幼稚到成熟，一刻也离不开该学科的创新。纵观哲学社会科学领域的重大发现及突破，社会各方面的每一次进步以及任何一个新理论的诞生，都和某一学科的发展与创新密切相关。学科建设是实现哲学社会科学创新的关键。没有一流的学科，没有特色和创新的学科，要实现哲学社会科学创新，尤其是原始创新是不可能的。所以，只有以学科建设为核心，通过平台和团队建设等有效形式把学科水平提上去，高校的教学和科研才有更大的后劲和潜力，哲学社会科学创新能力才能持久。

学科建设涉及学校的教师队伍、教学、科研、管理、实验室、对外交流、运作机制等方面，主要是以培养人为目的的一种社会、科技实践活动，是一定社

---

① 喻承久，张勇. 论社会科学成果及其划分 [J]. 空军雷达学院学报，2005（1）：73-75
② 陈卫平. 理论创新·评价公正·知识普及 [J]. 学术界，2004（6）：17-26
③ 桑玉成. 努力营造社会科学创新的体制环境 [J]. 复旦教育论坛，2006（2）：8-10

会、科技和经济实力的反映，通过育人对社会、科技和经济产生影响和作用。它受社会、科技和经济发展水平的制约，同时又通过育人促进社会、科技和经济的发展①。学科建设主要表现在国家级和省（部）级重点学科建设上，特别是国家重点学科建设，是提高高等教育质量、增强自主创新能力的重要举措，将进一步推动我国学科结构和布局的优化与调整，形成以国家重点学科为骨干的学科体系，引领全国高等学校进行学科建设，提升人才培养质量、科技创新水平和社会服务能力，带动我国高等教育整体水平全面提高，使之成为国家创新体系的重要组成部分。将进一步满足经济建设和社会发展对高层次创新人才的需求，为建设创新型国家提供高层次人才和智力支撑②。当然，学科建设还表现为博士后流动站、一级学科博士点、二级学科博士点和硕士点的建设与拥有量上，以及哲学社会科学新兴学科和交叉学科的建设上。

3）社会贡献

所谓社会贡献，就是指某一经济活动除了创造的直接经济收益以外对整个社会经济持续、协调发展的贡献③。对我国绝大多数普通高校来说，作为对国家投资和社会支持的一种回报，都讲究社会贡献，而且其社会贡献的大小在一定程度上表征了该高校的办学实力、科研实力、成果转化实力和社会影响力。从古到今，事实上在任何时代、任何国家，社会都旗帜鲜明地承认和接纳那些对社会贡献突出的高水平大学，也只有那些对社会发展贡献巨大的高水平大学，才能够从社会得到包括物质和精神多方面的丰厚回报，从而使其有资本保障自身获得优于其他大学的发展。换句话说，大学安身立命之本既然是广义的服务社会，大学获得发展的前提则是为社会发展作出自己的贡献④。高校哲学社会科学创新虽然可以发表论文和科研成果，但是，若不能为解决社会生活中的重大课题提供科学依据、不能把科研成果转化为现实生产力、不能够促进经济与社会的发展，这样的大学又如何充分体现出社会贡献呢？因此，高校哲学社会科学创新产出能力的重要表现形式之一就是通过哲学社会科学创新所产生的社会贡献，主要包括哲学社会科学创新人才培养和哲学社会科学创新成果转化两个方面。

造就人才是大学促进知识经济发展的最根本的价值表现形式⑤。哲学社会科

---

① 张云. 关于高校学科建设与发展的认识及思考［EB/OL］. http：//www.edu.cn/20041104/3119555.shtml，2008-01-02

② 教育部关于加强国家重点学科建设的意见［EB/OL］. http：//fzghb.whu.edu.cn/Html/200611281593-1.html，2008-01-02

③ 赵敏娟. 保持耕地总量动态平衡的经济解释［J］. 西北农业大学学报，1999（5）：28-31

④ 张珏. 也谈高水平大学及其社会贡献［J］. 黑龙江高教研究，2001（6）：4-8

⑤ 潘懋元，刘振天. 发挥大学中心作用，促进知识经济发展［J］. 教育研究，1999（6）：28-33

学创新的关键在于要有足够数量的高素质人才，特别是具有创新意识和能力以及具有市场意识和扩散能力的创新人才，对哲学社会科学创新人才的培养决定着高校哲学社会科学创新能力的高低。通过哲学社会科学创新活动，将推动哲学社会科学创新知识的流动与传播，而哲学社会科学知识传播与知识创新的结合，无疑会促进哲学社会科学创新型人才的培养。高校培养的人才输入到社会，是给社会注入哲学社会科学人才资源，这类资源会分布在不同的机构中体现不同的哲学社会科学创新能力。因此，高校为社会培养高素质哲学社会科学创新型人才，依然是促进社会发展进步的最重要贡献。

哲学社会科学研究不仅在于科学地认识世界，更重要的是能动地改造世界，并且在改造世界的过程中强化自己的创新能力。哲学社会科学的发展水平体现着一个国家和民族的思维能力、精神状态和文明素质。如果研究活动成为个人的孤芳自赏，研究成果不能实现有效的转化，那就不可能真正释放哲学社会科学的创新能量，也就无法实现哲学社会科学服务社会的功能。哲学社会科学研究成果问世以后，总会产生一定的经济效益和社会效益。哲学社会科学研究成果可以通过最优管理方案、生产要素的优化组合等转化为现实生产力，从而产生直接的经济效益；也可以通过为行政领导或经济组织的领导服务，对企业的生产、经营作出正确的决策、指挥和协调，调动劳动者的生产积极性和主动性，转化为现实生产力，产生间接的经济效益；哲学社会科学研究成果还可以通过为人们提供知识、更新人们的观念、提高全民族的科学文化素质，产生一定的社会效益[①]。换个角度来说，哲学社会科学具有认识世界、传承文明、创新理论、咨政育人、服务社会的重要作用。哲学社会科学成果转化主要表现为以下4种形式：①研究成果向教学的转化；②研究成果向社会普及转化；③研究成果向决策咨询转化；④研究成果向文化产业转化[②]。

1.5.4 哲学社会科学创新能力构成要素的内在关系

哲学社会科学创新能力三个构成要素之间，不是相互独立、互不影响的，而是具有难以分割的内在联系，使得哲学社会科学创新能力形成一个整体。

1）层次关系

哲学社会科学创新能力三个构成要素间的内在层次关系如图1-4所示。哲学社会科学创新投入能力是基础，为哲学社会科学创新能力的形成与提升提供人力

---

① 杨家栋，秦兴方. 社会科学研究成果的评价及其指标体系 [J]. 齐鲁学刊，2001（2）：122-129
② 袁振国. 论高校哲学社会科学创新的形式与方法创新 [J]. 中国高等教育，2006（17）：16-18

资源、物力资源、财力资源等创新资源。哲学社会科学创新运行能力是根本，处于中间地位，发挥着合理配置创新资源、激发创新动力、开发创新潜能的作用。哲学社会科学创新产出能力是关键，处于核心地位，是对哲学社会科学创新最终效果的评价，是哲学社会科学创新能力的直接体现。

图 1-4　哲学社会科学创新能力构成要素间的层次关系

2）作用关系

构成哲学社会科学创新能力的三种要素之间相互依存、相互配合、共同作用，如图 1-5 所示。也可以把这三种构成要素之间的作用关系形象地描述为弓箭的三个要素：弓、弦、箭，只有弓强、弦紧，箭才能射得远。创新投入能力就如同一张弓箭的弓，创新运行能力如同一张弓箭的弦，而创新产出能力则如同一张弓箭的箭。从图 1-5 可以看出，只有创新投入能力、创新运行能力足够强，创新产出能力才能得以有效彰显。

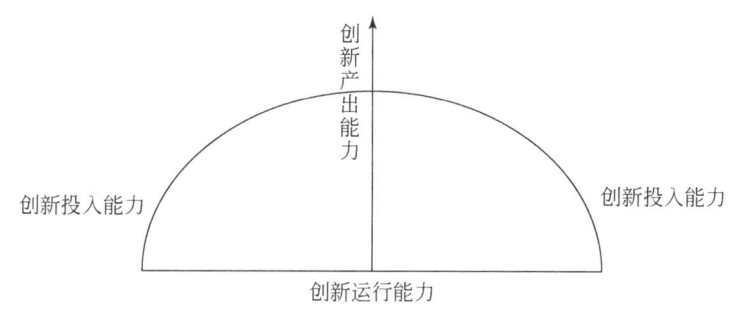

图 1-5　哲学社会科学创新能力构成要素间的作用关系

1.5.5 哲学社会科学创新能力构成模型

可以说，哲学社会科学创新能力是哲学社会科学创新投入能力、哲学社会科学创新运行能力和哲学社会科学创新产出能力经过整合而形成的合力。因此，基于构成要素的哲学社会科学创新能力模型如图1-6所示。

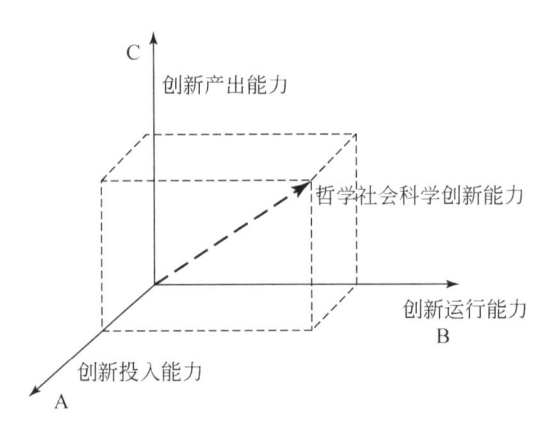

图1-6 基于构成要素的哲学社会科学创新能力模型

图1-6可用函数模型表示如下：

$$C = f(I, P, O)$$

在这个函数模型里，"C"表示哲学社会科学创新能力，"f"表示函数关系，"I"表示创新投入能力，"P"表示创新运行能力，"O"表示创新产出能力。该模函数型表明：哲学社会科学创新能力是其哲学社会科学创新投入能力、创新运行能力、创新产出能力的函数，三个构成要素通过合力的结果共同决定哲学社会科学创新能力的水平。创新投入能力、创新运行能力、创新产出能力的强弱大小决定着哲学社会科学创新能力的强弱大小，且呈正相关关系。三种分支能力都强，哲学社会科学创新能力也就强；三种分支能力都弱，哲学社会科学创新能力也就弱；其中一种或两种分支能力强或弱，哲学社会科学创新能力也相应地受到不同的影响。

第 2 章

综合评价的模型方法

综合评价的模型方法大致可以分为四大类：常规多指标数学合成方法（即数学方法）、多元统计分析方法、模糊评价方法和灰色系统评价方法[①]。每一类评价模型方法又衍生出多种方法。本书将选取每一类型中的一种具有代表性的方法进行简要介绍。

---

① 朱孔来. 国民经济和社会发展综合评价研究 [M]. 济南：山东人民出版社，2004：62

2.1 线性加权和函数法

2.1.1 基本原理

线性加权和函数法属于常规多指标数学合成方法中的一种，通过一定的算式将多个指标对事物不同方面的评价值综合在一起，以得到一个整体性的评价，主要适用于评价目标与评价指标之间存在一种线性关系的情形。

2.1.2 基本步骤

线性加权和函数法的基本公式为：

$$f(x) = \sum_{i=1}^{n} w_i x_i$$

式中，$f(x)$ 为被评价事物得到的综合评价得分值；w_i 为各评价指标的权数；x_i 为单个指标的评价值；n 为评价指标个数。

对于一个具有多层次（以四层为例）的指标体系来说，利用线性加权和函数法计算评价结果的步骤如下：

(1) 利用线性加权和公式计算子目标（第三层）的得分，主要是根据第四层指标的得分和权重算出；

(2) 利用线性加权和公式计算目标层（第二层）的得分，主要是根据第(1)步计算出来的结果和各子目标的权重算出；

(3) 利用线性加权和公式计算总目标（第一层）的得分，主要是根据第(2)步计算出来的结果和各目标层的权重算出。

2.1.3 特点简析

线性加权和函数法的特点在于：①线性加权和函数法适用于各评价指标间相互独立的情况，各指标对综合结果的贡献彼此是没有什么影响的；②采用线性加权和函数法，各评价指标间可以线性地补偿，即某些指标评价分数的下降，可以由另一些指标评价分数的上升来补偿；③采用线性加权和函数法，权数的作用比在其他方法合成中更明显一些，这是由加法合成所对应现实问题的性质决定的；

④线性加权和函数法突出了评价分数较大且该指标权数较大者的作用，这是第二和第三两个特性结合在一起的必然结果；⑤由于线性加权和函数法各指标评价值间可以线性地补偿，因而这种合成方法对不同被评价对象间指标评价值的差异反映不大敏感；⑥线性加权和函数法对计算数据没有什么特定的要求；⑦线性加权和函数法计算比较简便，便于推广普及[①]。

2.2 主成分分析法

2.2.1 基本原理

在研究和实际应用中，会经常遇到多指标变量问题。由于指标较多，再加上指标之间有一定的相关性，造成信息重叠势必增加了分析问题的复杂性。一旦盲目减少变量又会损失很多信息，容易产生错误结论。而主成分分析法的出现，为解决这一问题提供了方便。

主成分分析法属于多元统计分析方法中的一种，是将研究对象的多个相关变量（指标）化为少数几个不相关的变量的一种多元统计方法[②]。主成分分析（principal component analysis）也称主分量分析、主轴分析，是由 Hotelling 于 1933 年首先提出的。

主成分分析是一种多变量数学分析方法，利用降维的思想，以排除众多信息共存中相互重叠的信息，将众多的具有错综复杂关系的指标（原变量）归结为少数几个综合指标（即新变量，也称主成分），每个主成分都是原来多个指标的线性组合，同时，这些主成分要尽可能多地表征原指标的数据结构而不丢失信息，主成分互不相关，即正交。通过适当地调整线性函数的系数，既可使各主成分相对独立，舍去重叠的信息，又能将各原始指标所包含的不十分明显的差异集中地表现出来，使研究对象在主成分上的差异明显，便于作出较直观的分析判断与评价。

假定原来有 P 个具有一定相关性的指标（原变量），利用主成分分析法的基本思路是：如果将选取的第一个线性组合即第一个综合指标记为 F_1，自然希望尽可能多地反映原来指标的信息。这里的"信息"最经典的方法就是用 F_1 的方差

[①] 朱孔来. 国民经济和社会发展综合评价研究［M］. 济南：山东人民出版社，2004：63-64
[②] 何晓群. 现代统计分析方法和应用［M］. 北京：中国人民大学出版社，1998：89-97

来表达，即 var（F_1）越大，表示 F_1 包含的信息越多。因此在所有的线性组合中所选取的 F_1 应该是方差最大的，故称 F_1 为第 1 主成分。如果第 1 主成分不足以代表原来 P 个指标的信息，再考虑选取 F_2 即选第二个线性组合，为了有效地反映原来信息，F_1 已有的信息就不再需要出现在 F_2 中，用数学语言表达就是要求 cov（F_1，F_2）=0，称 F_2 为第 2 主成分，依此类推可以造出第 3、第 4、…、第 P 个主成分。不难想象这些主成分之间不仅不相关，而且它们的方差依次递减，因此在实际工作中，就挑选前几个最大主成分。虽然这样做会损失一部分信息，但是由于抓住了主要矛盾，并从原始数据中进一步提取了某些新的信息，这种既减少了变量的数目又抓住了主要矛盾的做法有利于问题的分析和处理[1]。

2.2.2 基本步骤

设 F 代表主成分，X 代表原变量共有 p 个，Z 代表对原变量标准化后的变量，i 代表各被评价样本共有 n 个，j 代表各评价指标，g 代表主成分的数量，L_{ij} 代表第 i 个样本的第 j 个指标数值，Z_{ij} 代表第 i 个样本的第 j 个标准化指标的数值，F_{ig} 表示第 i 个样本的第 g 个分量。

即有：

$$F_{ig} = \sum_{j=1}^{p} L_{ij} Z_{ij}$$
$$i = 1, 2, \cdots, n$$
$$j = 1, 2, \cdots, p$$
$$g = 1, 2, \cdots, p$$

其中，$\mathrm{cov}(F_g, F_g+k) = 0 \quad k \neq 0, \quad g+k \leq p$

$\mathrm{var}(F_1) \geq \mathrm{var}(F_2) \geq \cdots \geq \mathrm{var}(F_p)$

利用主成分分析法进行多指标综合评价的基本步骤包括[2~4]：

1）原始指标数据的标准化处理

由于主成分是由协方差矩阵 Σ 求得的，而协方差矩阵要受到指标量纲和数量级的影响，为了克服这一缺陷，就必须将原始数据标准化。一般采用标准化法，

---

[1] 李艳双等. 主成分分析法在多指标综合评价方法中的应用 [J]. 河北工业大学学报，1999（1）：28-31
[2] 李玉珍，王宜怀. 主成分分析及算法 [J]. 苏州大学学报，2005，21（1）：32-36
[3] 范金城，梅长林. 数据分析 [M]. 北京：科学出版社，2002：141-154
[4] 张浩，冯林. 主成分分析法在高校科技创新能力评价中的应用 [J]. 武汉理工大学学报·信息与管理工程版，2004（6）：157-161

变换公式为

$$Z_{ij} = \frac{x_{ij} - \overline{x}_j}{S_j}$$

其中

$$\overline{x}_j = \frac{1}{n} \sum_{i=1}^{n} x_{ij}$$

$$S_j = \left[\frac{1}{n-1} \sum_{i=1}^{n} (x_i - \overline{x}_j)^2 \right]$$

$$i = 1, 2, 3, \cdots, n$$

$$j = 1, 2, 3, \cdots, p$$

经过变换后的数据,均值为零,方差为1。

2)建立标准化后的 p 个指标的相关系数矩阵 R

变量(指标)的相关系数矩阵 R 是主成分分析的出发点,其计算公式为

$$r_{ij} = \frac{1}{(n-1)} \sum_{i=1}^{n} \frac{(x_{ij} - x_j)}{S_j} \frac{(x_{ik} - \overline{x}_k)}{S_k}$$

或

$$r_{ik} = \frac{1}{(n-1)} \sum_{i=1}^{n} Z_{ij} Z_{jk}$$

并且

$$R_{ii} = 1 \quad r_{ik} = r_{ki}$$

3)计算相关矩阵的 R 的特征值及其相应的单位特征向量

R 的特征方程式为 $|\lambda I_p - R| = 0$,$\lambda_g (g = 1, 2, \cdots, p)$ 为对该方程式求解得到的特征根,这是主成分 F 的方差,它的大小描述了各个主成分在描述被评价对象上所起作用的大小。

对于特征根,有 $\lambda_1 \geq \lambda_2 \geq \cdots \geq \lambda_p > 0$

相应的标准化正交特征向量为:$a_i = [a_{1i}, a_{2i}, \cdots, a_{pi}]^T$

4)计算方差贡献率和累计方差贡献率

方差贡献率是用来表明每个主成分说明原始变量的信息量,一般用公式表示为

$$a_g = \frac{\lambda_g}{\sum_{g=1}^{p} \lambda_g}$$

累计方差贡献率表示前面 k 个主成分保留的原始变量的信息量,用 $a(k)$ 来表示,其计算公式为:

$$a(k) = \left(\sum_{g=1}^{k} \lambda_g \right) \left(\sum_{g=1}^{p} \lambda_g \right)^{-1}$$

5) 确定主成分的个数

一般来说,主成分个数等于原始变量的个数,如果原始变量个数较多,进行综合评价时就比较麻烦。所以,利用主成分分析对样本排序时,总是希望选取个数较少的主成分,同时还要使损失的信息量尽可能少。确定主成分个数的实质就是要在 k 和 $a(k)$ 之间进行平衡,一方面要使 k 尽可能小,另一方面要使 $a(k)$ 足够大,即以较少的主成分来取得原始变量的足够多的信息。确定主成分个数的方法原则比较多,在实践中常把 $a(k) \geqslant 85\%$ 作为选取的阈值。

6) 提出各主成分的得分函数

主成分根据原始指标 x_1, x_2, $\cdots$, x_p, 可表示为:

$$f_i = a_{1i}x_1 + a_{2i}x_2 + \cdots + a_{pi}x_p$$

$$(i = 1, 2, \cdots, k)$$

将原始数据代入其中,就可以得到主成分得分矩阵:

$$F = \begin{bmatrix} f_{11} & f_{12} & \cdots & f_{1k} \\ f_{21} & f_{22} & \cdots & f_{2k} \\ \vdots & \vdots & & \vdots \\ f_{n1} & f_{n2} & \cdots & f_{nk} \end{bmatrix}$$

7) 用主成分进行综合评价

各评价对象(样本)的表现由主成分反映,故可用主成分计算各样本的综合评价值,进而对各样本进行排序和比较。由于主成分之间互不相关,一般用加权算术平均来综合并且以各主成分的方差贡献率为权重,即

$$f = a_1 f_1 + a_2 f_2 + \cdots + a_k f_k$$

将各样本的主成分值代入上式可得到各样本的主成分综合评价值,进而可以进行综合比较和排序分析。

2.2.3 特点分析

主成分分析法作为一种寻找用较少的新变量代替原来较多的旧变量,而且使新变量尽可能多地保留原来较多信息的方法,具有以下特点[1]~[3]:

---

[1] 曾海鹰,丘林英,阎勇. 基于主成分分析法的企业可持续创新能力的调研及分析 [J]. 软科学,2006 (6): 102-105

[2] 粟婕,邵培基. 主成分分析法在上市公司盈利能力评价中的应用 [J]. 电子科技大学学报(社科版),2007 (2): 12-14

[3] 邓咏梅. 汽车行业上市公司经营绩效评价 [J]. 科技进步与对策,2004 (11): 104-106

（1）适用面比较广。不仅适合在大型的调研数据分析中使用，对于全球性的数据比较更为有利，使得分析与评价指标变量时，能够找出主导因素，切断相关的干扰，作出更为准确的估量与评价。

（2）计算比较简洁。利用几个不相关的主成分作为原来众多变量的线性组合，在保留了原始变量的大部分信息的基础上，减小了计算量，进行综合评价时更简洁，在计算机普及的今天有较强的可操作性和一定的推广应用价值。

（3）指标权重确定比较客观。主成分分析方法是从定量的角度出发，充分利用全部数据当中所包含的信息，无须专家咨询，运用主成分的贡献率作为指标的权重值，这样得出的权重值比较客观，是依据数据的统计规律测算的结果。

（4）可消除评价指标之间的相关影响。因为主成分分析在对原指标变量进行变换后形成了彼此相互独立的主成分，而实践证明指标间相关程度越高，主成分分析效果越好。

（5）可减少指标选择的工作量。对于其他评价方法，由于难以消除评价指标间的相关影响，所以选择指标时要耗费不少精力。而主成分分析由于可以消除这种相关影响，所以在指标选择上相对容易些。

（6）应用也受到限制。并不是所有高维的数据都适合主成分分析。首先在数学上，要求随机变量 X_1，X_2，$\cdots$，X_p 的协方差矩阵为 p 阶非负定矩阵。第二，数据具有一定的相关性才适合做主成分分析。相关性在一定水平之上使用主成分分析法比较好。

2.3 模糊综合评价法

2.3.1 基本原理

在生产实践、科学实验乃至日常生活中，人们遇到的实际问题不仅存在确定和随机两类，还存在模糊问题。模糊问题是用来描述边界不清楚、分类衡量标准不明确的现象。在这种背景下，模糊数学应运而生。1965 年，美国自动控制论教授札德（L. A. Zadeh）发表了《模糊集合论》，提出隶属函数的概念，由此模糊数学发展起来。模糊数学拓宽了经典数学的基础，找到了一条解决概念划分上不确定性现象的方法。应用模糊数学可以研究处理有关模糊信息的资料，使其量化、精确化，以反映模糊信息资料中的数量规律性。

模糊综合评价是模糊数学的一个应用方向，始于 20 世纪 80 年代后期。模糊数学理论用于评价的基本思想是，由于相邻评价等级之间具有模糊性，因而引入模糊隶属度作为评价指标，能较好地反映等级，使评估方法具有合理性。常用的模糊评价方法有模糊综合评价法、模糊聚类评价法、模糊距离评价法和模糊数合成运算评价法等①。

模糊综合评价法是以模糊数学为基础，应用模糊关系合成的原理，根据多个因素对被评价对象本身存在的形态或类属上的亦此亦彼性，将一些边界不清、不易定量的因素定量化，按被评判事物隶属等级状况进行综合评价的一种方法②，是现今应用得比较多的一种综合评价方法。运用模糊综合评价方法进行运算时，通常遵循多层次综合评判的原理，要先把被评判的同一类事物的多种因素，按其属性分成若干类大因素，然后对每一大类因素进行初层次的单级模糊综合评价，在这个基础上再对初层次综合评判的结果进行高层次的多级模糊综合评判。

在客观事物中，一些问题往往不是绝对的肯定或者否定，涉及模糊因素，因此可以用模糊综合评价方法把原为定性评价的问题做定量评价。它以模糊变换为基础，用简单易懂的模型解决比较难以量化的问题，深受广大科技工作者的青睐，尤其适合对多因素、多层次的复杂问题进行分析，能发挥很好的评估效果。

2.3.2 基本步骤

利用模糊综合评价法进行综合评价的基本步骤是首先确定评价对象的因素论域和评语等级集，进而建立模糊关系矩阵，在确定评价因素权数向量的基础上，选择合成算子并最终进行评价和结果分析。具体如下③④：

（1）建立综合评价考虑的因素集：
$$U = \{U_1, U_2, \cdots, U_k\}$$
（2）对每个 $U_k(k = 1, 2, \cdots, n)$ 进行综合评判：

①根据 $U_k = \{U_{k1}, U_{k2}, \cdots, U_{km}\}$ 中各因素所起作用大小定出权数分配 $A_k = \{a_{k1}, a_{k2}, \cdots, a_{km}\}$，且 $\sum_{j=1}^{m} a_{kj} = 1$，其中 a_{kj} 表示 U_k 中第 j 个因素的权重。

---

① 白云鹏，陈永健. 常用水环境质量评价方法分析 [J]. 河北水利，2007（6）：23-24
② 胡永宏，贺思辉. 综合评价方法 [M]. 北京：科学出版社，2000：9
③ 王淑珍等. 湘资产评信统计与预测（下册）[M]. 北京：中国财政经济出版社，2001：183-193
④ 秦艳琳，张群娇. 国家创新能力的模糊综合评价 [J]. 安阳师范学院学报，2002（5）：76-77

②建立因素评语集
$$V = \{V_1, V_2, \cdots, V_t\}$$
③对 U_k 中每个因素 U_{ki} 按照评语集 $V = \{V_1, V_2, \cdots, V_t\}$ 的等级定出 U_{ki} 对 V_j 的隶属度 $r_{kij}(i = 1, 2, \cdots, m; j = 1, 2, \cdots, t)$

由此组成 U_k 的评价矩阵 R_k 及综合评价 V_k。
$$V_k = A_k \times R_k \{V_{k1}, V_{k2}, \cdots, V_{kt}\} \qquad k = (1, 2, \cdots, n)$$

模糊矩阵的合成,类似于普通矩阵的乘积,将相乘换为"取小",将相加换为"取大"。

(3)对 U 进行综合评判:
①按各 U_k 在 U 中所起作大小,提出其权重分配 $A = \{a_1, a_2, \cdots, a_n\}$;
②由各 U_k 的评判结果 $V_k(1, 2, \cdots, n)$,得出 U 的评价矩阵

$$R = \begin{bmatrix} V_1 \\ V_2 \\ \vdots \\ V_n \end{bmatrix} = \begin{bmatrix} V_{11} & V_{12} & \cdots & V_{1n} \\ V_{21} & V_{22} & \cdots & V_{2n} \\ \vdots & \vdots & & \vdots \\ V_{m1} & V_{m2} & \cdots & V_{mn} \end{bmatrix}$$

③计算模糊综合评价结果

用 S 表示模糊综合评价结果,有:
$$S = A \times R \{V_1, V_2, \cdots, V_t\}$$
$$= (s_1, s_2, \cdots, s_t)$$

其中,s_p 表示综合评价结果对应评价等级集中的 $V_p(p = 1, 2, \cdots, t)$,表征评价等级。按最大隶属原则,来取最终的评价结果。

2.3.3 特点分析

模糊综合评价法的优点:

(1)隶属函数和模糊统计方法为定性指标定量化提供了有效的方法,实现了定性和定量方法的有效集合。

(2)在客观事物中,一些问题往往不是绝对的肯定或绝对的否定,涉及模糊因素,而模糊综合评价法则很好地解决了判断的模糊性和不确定性问题,更加适合于评价因素多、结构层次多的对象系统。

(3)所得结果为一向量,即评价集在其论域上的子集,克服了传统数学方法结果单一的缺陷,结果包含的信息量丰富。

模糊综合评价法的缺点[1]：

（1）不能解决评价指标间相关造成的评价信息重复问题。

（2）模糊数学本身不能解决指标权重的确定问题，需借助其他的方法或人为确定，因而有可能造成各因素权重的确定带有一定的主观性。

（3）在某些情况下，隶属函数的确定有一定困难。尤其是多目标评价模型，要对每一个目标、每一个因素确定隶属度函数，比较繁琐。

2.4 灰色关联分析法

2.4.1 基本原理

灰色系统理论是中国学者邓聚龙教授于1982年3月在国际上首先提出来的。灰色理论是研究灰色系统分析、建模、预测、决策和控制的理论。它把一般系统论、信息论及控制论的观点和方法延伸到社会、经济和生态等抽象系统，并结合数学方法，发展出一套解决信息不完全系统（灰色系统）的理论和方法。灰色系统理论是针对既无经验、数据又少的不确定性问题，即"少数据不确定性"问题提出的，其研究宗旨强调信息优化，研究现实规律。所谓"灰"，是介于"白"与"黑"之间的概念。"白"是指信息确定、数据完整，对应的有白色系统。"黑"是指信息很不确定、数据很少，对应的有黑色系统。而"灰"则是指信息部分不确定、部分确定；部分不完全、部分完全；部分未知、部分已知，对应的即是灰色系统[2]。

灰色系统理论认为，人们对客观事物的认识具有广泛的灰色性，即信息的不完全性和不确定性，因而由客观事物所形成的是一种灰色系统，即部分信息已知、部分信息未知的系统，如社会系统、经济系统、生态系统等都可以看成灰色系统。灰色系统理论认为，从广义上讲，任何系统都是一个能量系统。能量系统具有能量聚积或衰减的趋势，而指数规律是能量变化的一种描述。灰色系统理论的量化基础是生成数。灰色系统理论将随机量看成是在一定范围内变化的量，称作灰色量。按适当的办法将原始数据进行处理，将灰色量变换成生成数，从生成

---

[1] 虞晓芬，傅玳. 多指标综合评价方法综述 [J]. 统计与决策，2004（11）：119，120

[2] 胡永宏，贺思辉. 综合评价方法 [M]. 北京：科学出版社，2000：129-140

数出发而得到规律性很强的生成函数，使灰色系统变得尽量清晰。这一过程称作白化过程①。

灰色理论经过 20 多年的发展，已基本建立起一门新兴学科的结构体系，其主要内容包括以灰色朦胧集为基础的理论体系，以灰色关联空间为依托的分析体系，以灰色序列生成为基础的方法体系，以灰色模型（GM）为核心的模型体系，以系统分析、评估、建模、预测、决策、控制、优化为主体的技术体系。灰色朦胧集、灰色代数系统、灰色方程、灰色矩阵等是灰色系统理论的基础。在指导实践上，灰色系统理论已经成功地应用于工程控制、经济管理、社会、农业系统、水环境系统，并取得了可喜的成就。

由于人们对综合评价对象——被评价事物的认识也具有灰色性，因而可以借助于灰色系统的相关理论来研究综合评价问题。

灰色关联分析是研究灰色系统内部各因素之间发展变化的关联程度的方法，是一种较新的综合评价方法。所谓灰色关联，是指事物之间不确定关联。灰色关联分析（gray relational analysis，GRA）是灰色系统理论的一个重要分支，它是以各因素的样本数据为依据利用灰色关联度来描述因素间关系的强弱、大小和次序的，从而判断引起该系统发展的主要因素和次要因素。灰色关联度则是描述事物间在发展过程中，因素间相对变化的大小、方向和速度等，如果两因素在发展过程中，相对变化基本一致，则认为两者关联程度大，反之亦反②。

灰色关联分析的基本思想是根据序列曲线几何形状的相似程度来判断其联系是否紧密。曲线越接近，相应序列之间的关联度就越大，反之就越小。灰色关联分析法能比较出系统相关因素序列与系统特征序列的相似程度，如果将系统特征序列取为最优指标集，系统相关因素序列取为各方案的指标序列，并加入相应权重，采用灰色关联度作为测度去评价各方案与最优方案的关联程度，可得到各方案的优劣次序，其中与最优指标集最相似的指标序列对应的方案即为最优方案③。

2.4.2 基本步骤

灰色关联分析评价法的核心是计算关联度。评价的基本思路是：从样本中确定一个理想化的最优样本为参考序列，通过计算各样本序列与该参考序列的关联

---

① 邓聚龙. 灰色系统基本方法 [M]. 武汉：华中工学院出版社，1987：20-75
② 邓聚龙. 灰理论基础 [M]. 武汉：华中科技大学出版社，2002：122-150
③ 傅立. 灰色系统理论及其应用 [M]. 北京：科学技术文献出版社，1992：28-30

度，对被评价对象作出综合比较和排序。具体的计算步骤如下[①②]：

1）无量纲化（初值化）

由于实际数据中，不同因素的数据常有不同的量纲，为对它们进行比较、分析，首先应对数据通过初值化过程消除量纲的影响。

设参考数列为 X_0，被比较数列为 X_i，$i = 1, 2, 3, \cdots, n$，且：

$$X_0 = \{X_0(1), X_0(2), \cdots, X_0(l)\}$$
$$X_1 = \{X_1(1), X_1(2), \cdots, X_1(l)\}$$
$$\vdots \qquad \vdots \qquad \vdots$$
$$X_n = \{X_n(1), X_n(2), \cdots, X_n(l)\}$$

对以上数据进行重新处理，并列入新的记号为：

$$Y_0 = \{Y_0(1), Y_0(2), \cdots, Y_0(l)\}$$
$$Y_1 = \{Y_1(1), Y_1(2), \cdots, Y_1(l)\}$$
$$\vdots \qquad \vdots \qquad \vdots$$
$$Y_n = \{Y_n(1), Y_n(2), \cdots, Y_n(l)\}$$

其中，$Y_i(k) = \dfrac{X_i(k)}{X_i(l)}$，$i = 1, 2, \cdots, n$；$k = 1, 2, \cdots, l$。

2）计算关联系数

令 $N = \{1, 2, \cdots, n\}$；$L = \{1, 2, \cdots, l\}$

记
$$\Delta 1 = \min_{i \in N} \min_{k \in L} |Y_0(k) - Y_i(k)|$$
$$\Delta 2 = \max_{i \in N} \max_{k \in L} |Y_0(k) - Y_i(k)|$$
$$\Delta 3 = |Y_0(k) - Y_i(k)|$$
$$\xi_{0,i}(k) = \frac{\Delta 1 + e\Delta 2}{\Delta 3 + e\Delta 2}; \ k = 1, 2, \cdots, l$$

其中，$\xi_{0,i}(k)$ 为 X_i 与 X_0 在 k 时刻的关系系数。$\Delta 1$ 和 $\Delta 2$ 分别表示所比较序列各个时刻绝对差中的最小值和最大值。因此比较序列相交，故一般取 $\Delta 1 = 0$。式中 e 是分辨系数，其意义是削弱最大绝对差数值太大引起的失真，提高关系系数之间的差异显著性，一般在 0 与 1 之间取舍，常取 $e = 0.5$。

3）计算关联度

关联度分析实质上是对序列数据进行几何关系比较，若两数列在各个时刻点都重合在一起，即关联系数均等于1，两数列的关联度也必等于零。另外，两比

---

① 邓聚龙. 灰色控制系统（第二版）[M]. 武汉：华中理工大学出版社，1993：297-310
② 敖长林，王洪彬，孙景范. 灰色关联度分析原理在畜牧业中的应用 [J]. 饲料博览，1997（2）：23-24

较数列在任何时刻也不可垂直，所以关联系数均大于 0，故关联度也都大于 0。因此，两数列的关联度便以两比较数列各个时刻的关系系数之平均值计算，即：

$$r_{o,i} = \frac{1}{l}\sum_{k=1}^{l}\xi_{0,i}(k), \ i \in N$$

称 $r_{o,i}$ 为因素 X_i 对 X_0 的关联度，它反映了因素之间的关系的密切程度。l 为比较数列的长度（即数据个数）。

4）关联度排序

根据关联度的大小，对各评价对象进行排序，可建立评价对象的关联序。关联度 $r_{o,i}$ 表示参考数列和被比较数列接近程度的量化值，根据关联度的大小，可以确定参考数列和被比较数列的拟合程度的大小。一般假设参考数列为最优序列，如果关联度大，则表示数列 X_i 与参考数列 X_0 接近，则在一系列的比较数列中为较优数列。因此，可根据关联度的大小，对各评价对象进行排序，建立评价对象的关联序。

2.4.3 特点分析

灰色关联分析法的优点：

（1）灰色关联分析法弥补了用数理统计方法作系统分析所导致的缺憾，计算简单，通俗易懂，数据不必进行归一化处理，可用原始数据进行直接计算，更不会出现量化结果与定性分析结果不符的情况。

（2）与传统评价方法相比，灰关联分析对数据要求较低，对样本量的多少和样本有无规律同样适用，只要有代表性的少量样本即可，计算量小，可以同时对多个对象进行评价且能够向被评价对象提供有效的反馈信息。

（3）灰色关联分析是将运行机制与物理原型不清晰或者根本缺乏物理原型的灰色关系序列化、模式化，进而建立灰关联分析模型，使灰色关系量化、序化、显化，从而实现有参考系的、有测度的整体比较。

灰色关联分析法的缺点[1][2]：

（1）由于与 $r_{o,i}$ 有关的因素很多，如参考数列 X_0、比较序列 X_i、规范化方式、分辨系数 e 等。只要这些取值不同就会导致 $r_{o,i}$ 不唯一。

（2）现在常用的灰色关联度量化模型所求出的关联度总为正值，这不能全面反映事物之间的关系，因为事物之间既可以存在正相关关系，也可以存在负相

---

[1] 何文章，郭鹏．关于灰色关联度中的几个问题的探讨 [J]．数理统计与管理，1999（3）：25-29
[2] 虞晓芬，傅玳．多指标综合评价方法综述 [J]．统计与决策，2004（11）：119-120

关关系。而且存在负相关关系的时间序列曲线形状大相径庭，若仍采用常用的关联度模型，必将得出错误的结论。

（3）目前建立各种灰色关联度量化模型的理论基础很狭隘，单纯从比较曲线形状的角度来确定因素之间的关联程度是不合适的，甚至可以这样说，依据因素间曲线形状的相似程度来判断因素之间的关联程度是错误的。自然界中的事物是普遍联系、相互作用的，普遍联系和相互作用构成事物的运动、发展。相互联系的因素的发展趋势并不总是呈平行方向，它们可以交叉，甚至可以朝相反的方向发展。很显然，完全线性相关的序列不仅仅是平行序列，只要是它们的相关程度是相等的。总的来说，目前的"规范性"准则欠全面、准确，应该进行修正。

（4）该方法没有考虑各个评价指标的相对重要程度，它把各指标等同看待，不能解决评价指标间相关造成的评价信息重复问题，因而指标的选择对评价结果影响很大。

第 3 章

高校哲学社会科学创新能力评价指标体系的构建

3.1 评价指标体系的功能

选取评价指标,构建哲学社会科学创新能力评价指标体系是整个哲学社会科学创新能力评价工作的关键。构建哲学社会科学创新能力评价指标体系的出发点就是把哲学社会科学创新能力构成要素中所涉及的所有领域的复杂关系简单化,用简化的评价指标获取尽可能多的评价信息,为管理界、学术界和社会把握与了解高校哲学社会科学创新能力现状提供科学的判断依据。同时,完整的哲学社会科学创新能力评价指标体系还应对哲学社会科学创新能力构成要素的各个方面发生的变化趋势和变化程度进行反映,由此发现阻碍和影响高校哲学社会科学创新能力持续提高的不利因素,分析原因从而采取积极有效的对策。因此,科学、合理的哲学社会科学创新能力评价指标体系应当具备以下功能。

1) 描述功能

通过一定的手段,全面地搜集、整理和记录哲学社会科学创新活动中的事实、事件和有关的资料,对所要研究的哲学社会科学创新能力予以完整地、客观地呈现,指标体系要能够及时反映出哲学社会科学创新能力各构成要素的本质特征、发展变化情况和动态进程,同时,各个层级的指标结合起来就应该能够综合反映哲学社会科学创新能力的整体水平。

2) 评价功能

哲学社会科学创新能力评价指标体系作为一种哲学社会科学创新能力强弱的测量尺度,要能够从各个维度对哲学社会科学创新能力的水平进行评价,并且最后可以进行综合评价,明确目前的总体状况及相互之间的优势、劣势、差距和不足。通过测评和分析各个创新能力构成要素指标的具体得分,可以了解各个创新能力构成要素对哲学社会科学创新能力的影响状况,并比较哲学社会科学创新能力构成要素的强与弱,以及确定起主导作用的要素是哪个。因此,在指标选择上,应选择能够比较准确和完整地评价哲学社会科学创新能力水平的指标。

3) 导向功能

指标体系要能为增强哲学社会科学创新能力提供导向性,一是要引导政策制定者和决策者在制定各项政策和决策时,能够以增强哲学社会科学创新能力为目标,使各项政策相互协调,保证不偏离增强哲学社会科学创新能力的轨道;二是要引导高校通过建立哲学社会科学创新能力指标体系,明确在创新方面的优势和不足,需要在哪些方面努力,抓哪些关键环节,有意识地提高哲学社会科学创新能力，更好地促进哲学社会科学繁荣发展。

4）监控功能

哲学社会科学创新能力的发展水平要受到创新投入能力、创新运行能力和创新产出能力等众多要素的综合影响。因此，在哲学社会科学创新能力的建设和培育中，现实状况和预定目标发生偏离是难以避免的。通过对哲学社会科学创新能力实测指标的持续整理和分析，从不同角度反映哲学社会科学创新能力的现状、潜力、变化需求，找出偏离的原因，从而采取积极有效的对策，实现哲学社会科学创新能力指标系统的监控和调节功能。

5）预测功能

哲学社会科学创新能力评价指标体系能够根据已经占有的基本数据和资料，在对过去和现在有关哲学社会科学创新能力水平进行分析的基础上，探索哲学社会科学创新能力产生、发展和变化的规律，从而对未来一段时期内哲学社会科学创新能力水平的发展态势和未来走向作出合理的预测。

3.2 评价指标体系的设计思路

哲学社会科学创新能力是一个繁杂的系统，因此，在设计指标体系时，必须坚持马克思主义的指导地位，在借鉴科技创新能力评价有益经验的基础上，突出哲学社会科学的特色，首先从系统的角度，按照哲学社会科学创新能力的三个构成要素的具体内容，建立哲学社会科学创新能力的基本指标体系，以实现对哲学社会科学创新能力的基本情况进行综合全面的概括、系统反映和描述。在此基础上，根据建立评价指标体系的要求，从基本指标体系中进一步筛选一些具体指标，并采用鉴别力分析、相关分析等定量分析方法对筛选出的指标的可行性进行判断，剔除掉高度相关、交叉重复及鉴别力不强的指标，进而建立起最终评价指标体系。指标体系的设计力求做到综合评价与分项评价相结合、数理分析与机理分析相结合、状态评价与趋势评价相结合、能力评价与能力建设对策设计相结合，为更好地提高哲学社会科学创新能力提供决策依据。

3.3 评价指标体系的设计原则

哲学社会科学创新能力评价指标体系是一项用来描述哲学社会科学创新能力

发展状况，监测哲学社会科学创新能力发展中的矛盾和问题，评价哲学社会科学创新能力水平的复杂系统工程，是一项由多个指标组成的相互联系、相互依存的统计指标集。为了确保测评的结果能全面、客观、准确、合理地反映哲学社会科学创新能力的真实现状和未来的发展趋势，哲学社会科学创新能力评价指标体系应坚持以下几条原则。

1）规律性原则

客观社会对象和社会研究法则对于哲学社会科学的研究活动与研究方式具有制约作用，它要求哲学社会科学研究必须依据客观社会对象本身的性质、特点和规律展开。同时，研究者应自觉遵循哲学社会科学研究活动的规律和法则[1]。哲学社会科学创新能力是哲学社会科学研究活动中所体现出来的实力，同样必须遵循相应的规律和法则。因此，哲学社会科学创新能力评价指标要根据高校哲学社会科学创新的特点和规律，尽可能地从相关要素中选取那些最能体现高校哲学社会科学创新本质、实力和潜力的衡量指标。

2）科学性原则

指标体系的科学性是确保评估结果准确合理的基础，一项评估活动是否科学很大程度上依赖其指标、标准、程序等方面是否合理科学。因此，设计哲学社会科学创新能力评价指标体系时首先要考虑各因素和整体的科学性。这里所说的科学性包括两层含义：一是指选择的指标必须遵循哲学社会科学发展的基本理论和哲学社会科学创新活动的自身特点，指标的定义、分类、范围、数据收集、计算方法、权重确定等都要真实、规范，有科学依据[2]；二是指标设计在名称、含义、内容、时空和计算范围、计量单位和计算方法等方面必须科学明确，没有歧义。因此，设计哲学社会科学创新能力评价指标体系时要考虑到哲学社会科学创新要素及指标结构整体的合理性，从不同侧面设计若干反映哲学社会科学创新能力状况的指标，并且指标要有较好的可靠性、独立性、代表性，力求全面、客观、合理地反映哲学社会科学创新能力指标之间的关系和层次结构。

3）导向性原则

指标体系的设计要适应当前哲学社会科学发展的形势与趋势，符合国家哲学社会科学发展战略和政策，特别要贯彻《中共中央关于进一步繁荣发展哲学社会科学的意见》、《教育部关于大力提高高等学校哲学社会科学研究质量的意见》、《关于改进科学技术评价办法的规定》和《科学技术评价办法（试行）》的精神，以引导各高校找准自己的科研定位，明确各自的努力方向和奋斗目

---

[1] 肖秋惠，邱均平．人文社会科学的合理性及其评价原则[J]．图书情报知识，2004（3）：12-14

[2] 沈菊华．我国区域科技创新能力评价体系的研究和应用[J]．经济问题，2005（8）：27-29

标。选择的每一个指标都要符合提高哲学社会科学创新能力的要求，属于哲学社会科学创新能力的范畴，能够在一定程度上体现哲学社会科学创新能力的内涵与特征，以引导各高校更加重视哲学社会科学研究，瞄准国际前沿开展原始性创新；引导各高校坚持以人为本，凝聚一流创新人才，产出高水平哲学社会科学创新成果；引导各高校加快哲学社会科学成果的转化，为国家经济建设作贡献。

4）系统性原则

整个指标体系可以说是对哲学社会科学创新能力内涵、特征、形成机制的总体描述和抽象概括，其中的每一个指标都可以看成是观测哲学社会科学创新能力这一总体变化情况的一个视角。因此，指标体系必须以高校哲学社会科学创新能力的内涵为核心，并从总体目标出发，按照哲学社会科学创新能力的三个构成要素来建立指标体系的基本框架，要做到既无冗余又尽可能全面，既有静态又有动态，既有总量水平又有单位水平，以系统、全面、真实地反映高校哲学社会科学创新的全貌和各个层面的基本特征，从而全面、系统、客观地反映高校哲学社会科学创新能力的全貌。

5）层次性原则

哲学社会科学创新能力是由哲学社会科学创新投入能力、哲学社会科学创新运行能力和哲学社会科学创新产出能力所构成的一个综合能力，这也说明哲学社会科学创新能力本身具有一定的层次结构，是具有特定层次结构的系统。因此，测度采用的指标体系也要具有与之相适应的层次结构，将哲学社会科学创新能力划分为若干层次，并逐层进行分解，进而确定出具体指标，形成明晰的框架结构，合理地将评价指标分为目标层、准则层与指标层等若干层次，其中的各评价指标既相互独立，又相互联系，形成一个有机的评价系统，进而对提高哲学社会科学创新能力进行层次化的描述。

6）可比性原则

哲学社会科学创新能力的评价，需要有一个衡量和评价的参照数值，可以通过同其他地区和高校评价结果的横向对比，也可以对自身进行纵向的比较。因此，该指标体系的设计必须充分考虑到各创新研究主体间统计指标的差异和共性，在具体指标选择上，必须赋予各创新研究主体共有的指标含义，统计口径、范围和时间跨度尽可能保持一致和相对稳定性，以保证指标的横向可比性和纵向可比性。

7）可行性原则

指标的设计应简明扼要、定义明确，在科学合理的基础上，既要考虑其比较、分析和综合评价的功能，又要考虑高校能够提供哲学社会科学创新能力数据资料的可能性。因此，指标体系的设置应尽量避免形成庞大的指标群或层次复杂的指标树；应尽量实现与现时条件相兼容，数据的采集和归纳要符合高校的实际情况，计算公式科学合理，评价过程简单；指标如果是定量的，就要能获得真实可靠的数据，如果是定性的，就要力求有等级分明的评价标准，并能找到合适人员进行评价，保证评价结果的可信度。

8）成长性原则

哲学社会科学创新能力评价指标不仅仅是对过去与当前创新能力的评测，还应研究未来的发展趋势及潜在的创新能力。尤其是哲学社会科学创新能力是一个动态的积累过程，对整个经济社会的影响具有滞后性特征，因此，在设计评价指标体系时就应考虑到指标体系的发展问题。哲学社会科学创新能力评价指标应体现静态与动态的统一，具有时间和空间变化的敏感性，指标体系的构建应当能够反映一般、突出重点、与时俱进，把哲学社会科学创新发展看成一个逐步实现的过程进行考察。此外，由于哲学社会科学创新系统的运行过程中，系统内部的各种因素及外部环境总处于不断发展变化中，导致哲学社会科学创新能力的内涵与结构也会不断发生变化。因此，评价指标也不能一成不变，应根据所处的发展阶段对评价指标作出动态调整。

9）代表性原则

由于在构建哲学社会科学创新能力评价指标体系时，评价指标的设计不可能面面俱到，因此必须抓住重点，应避免指标过于繁杂，要尽可能选取影响程度最高，具有足够代表性的综合指标和专业指标，确保哲学社会科学创新能力指标体系中的各指标能在某一方面或某一环节上具有一定的代表性，足以评测哲学社会科学创新能力的水平。同时，要注意各评价指标之间的相互关系以避免相同或含义相近或相关性较强的指标重复出现。

10）定性与定量相结合的原则

哲学社会科学创新能力是一个抽象的概念，影响哲学社会科学技术创新能力的因素很多，而有些因素指标无法进行定量的评估，在综合评价哲学社会科学创新能力时应该考虑影响哲学社会科学创新能力的定性和定量的指标。定性指标应明确具体值，反映哲学社会科学创新能力的具体方面；此外，有些内容只能定性描述，则不能过分定量化，但应明确定性指标的含义，使其恰如其分地反映相应内容。定量指标评价比较客观，人为因素较少，数据来源较稳定。结合两类指标进行分析，可以较准确地反映哲学社会科学创新能力实际情况。

3.4 综合评价指标体系的构成

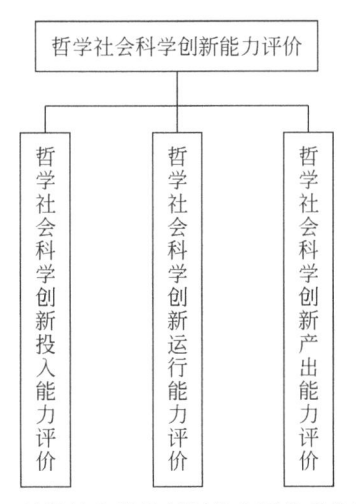

3.4.1 哲学社会科学创新能力评价系统的结构

根据对哲学社会科学创新能力内涵的理解及其构成要素的系统分析，借鉴技术创新能力综合评价的有益经验，本书认为，哲学社会科学创新能力评价系统由哲学社会科学创新投入能力评价子系统、哲学社会科学创新运行能力评价子系列和哲学社会科学创新产出能力评价子系统构成，如图3-1所示。

图3-1 哲学社会科学创新能力评价系统的结构

3.4.2 哲学社会科学创新能力评价系统的指标体系

1）哲学社会科学创新投入能力

本书第1章将哲学社会科学创新投入能力归依于三个方面：科研队伍、科研经费和基础设施。

科研队伍代表了哲学社会科学创新投入能力中的人力投入。高校哲学社会科学创新能力的强弱是由其从事哲学社会科学创新活动的科研人员所决定的，足够的科研人力投入是提高哲学社会科学创新能力的关键。一般来说，人力投入可从多方面评价，如研发人员的数量、研发人员的素质、研发人员的结构、研发人员的知识储备等。对于高校来说，教学与科研是两大基本职能，教师与科研人员是二位一体的。本书选取四个指标来衡量科研队伍的投入水平：一是"哲学社会科学学科博导人数比例"。博士生导师是哲学社会科学研究队伍中的骨干力量，在一定程度上了反映了总体科研素质。二是"教师队伍中社科英才人数比例"。对于哲学社会科学领域来说，能够称之为"英才"的，非"长江学者"和"教育部跨世纪优秀人才"（现延续发展为"教育部新世纪优秀人才"）莫属，这些人员是科研队伍中的精英分子，代表了哲学社会科学人才的最高学术水平。三是"高级职称占教师总人数的比例"。高级职称（指教授与副教授、研究员与副研究员）是高校哲学社会科学创新的精锐之师，其数量比例能够反映教师队伍的职称层次和总体科研素质。四是"教师队伍中全时 R&D 人员的比例"。R&D 人员是科研活动中的重要力量，其数量和素质基本上反映了高校哲学社会科学人力投入的相对规模。

  科研经费代表了哲学社会科学创新投入能力中的财力投入。所谓"巧妇难为无米之炊"，足够的财力投入是产出高水平创新成果的必要条件。对于科研活动来说，其财力投入主要来自于两方面：各级政府拨款和企事业委托研究开发，哲学社会科学科研活动也不例外。本书选取两个指标来衡量科研经费的投入水平：一是"当期科研支出经费"。当期（因哲学社会科学创新能力的时滞性，本书将"当期"界定为三年，下同）科研经费支出可以反映高校的哲学社会科学科研实力，同时也可以反映高校在哲学社会科学学科研究、群体合作方面可能具有的优势；同时，能否从国家和社会上争取到各种科研经费投入也反映了一个学校的总体哲学社会科学发展水平和学术声誉。二是"当期全时 R&D 人员人均科研经费"。人均科研经费反映了科研经费投入的强度，反映了哲学社会科学科研人员在财力投入方面的惠及程度。

  科研设施代表了哲学社会科学创新投入能力中的物力投入。先进的科研基地、良好的科研条件、丰富的图书资料和数字化的信息资源是从事哲学社会科学创新活动的物质基础。本书选取三个指标来衡量科研设施的投入水平：一是"教育部人文社科重点研究基地数"。教育部人文社科重点研究基地，具有人才荟萃、学科交叉、设备先进、创新气氛浓郁等特点，是汇聚优秀人才、产出高水平创新成果的基地和平台，发挥着为创新活动提供研究、开发、试验等支撑服务的重要作用，有利于降低创新成本，提高效率。二是"图书馆信息资源量"。哲学社会科学研究需要强大的信息资源来支撑，图书馆作为高校的信息资源中心，其拥有的中外文图书、期刊和数字化资源的多少，在很大程度上决定了哲学社会科学创新活动的信息支持力度和强度。三是"信息资源采集便捷程度"。信息资源采集能力可以反映创新信息的获取对哲学社会科学创新能力的影响，一般可通过信息资源管理机构是否健全、信息管理人员素质、现代信息技术利用程度等方面来定性度量。

基于上述分析，哲学社会科学创新投入能力的评价指标如表 3-1 所示。

表 3-1 哲学社会科学创新投入能力评价指标

创新投入	评价指标名称
科研队伍	哲学社会科学学科博导人数比例
	教师队伍中社科英才人数比例
	高级职称占教师总人数的比例
	教师队伍中全时 R&D 人员的比例
科研经费	当期科研支出经费
	当期全时 R&D 人员人均科研经费
科研设施	教育部人文社科重点研究基地数
	图书馆信息资源量
	信息资源采集便捷程度

2）哲学社会科学创新运行能力

本书第 1 章将哲学社会科学创新运行能力归依于三个方面：社会支持、管理机制和组织文化。

社会支持代表了哲学社会科学创新运行能力中的外部支持能力。高校哲学社会科学创新活动是一个团体性的活动，也是一个横向与纵向联系的活动，离不开外部的支持。社会支持包括智力资源支持、财力资源支持和生活环境支持，对哲学社会科学创新能力有很强的促进或约束作用，两者之间存在明显的正相关关系。本书选取五个指标来衡量社会支持的强度水平：

一是"当期参加国际学术会议全时 R&D 人员比例"。学术交流是研究与发展活动的重要组成部分，是高校科研人员与外界积极接触、汲取外部知识成果的有效方式之一，对哲学社会科学创新有积极的推动作用。全时 R&D 人员参与国际学术会议占全部科研人员的比例，能很好地说明学术交流的频度和水平。

二是"与国外建立交流合作关系的学科数的比例"。目前是一个新知识、新学科不断涌现的"知识爆炸"时代，高校只有加强国内外学术交流与合作，才能瞄准国际科学发展前沿，把握最新发展动态，并充分利用国内外智力与科研资源，为哲学社会科学创新注入生机和活力。合作办学（科）的比例，是一个高校外向引智的集中体现。

三是"当期国家社科基金项目数"。能够申请到国家社会科学基金项目数量的多少，一方面表示某高校科研经费的雄厚程度，反映了其哲学社会科学创新投人能力和科研产出的潜力，另一方面也表征了国家对哲学社会科学创新研究的支持力度和广度。

四是"当期全时 R&D 人员人均承担国家社科基金项目数"。人均科研项目的数量，在一定程度上表明了科研人员的个人研究能力和发展潜力。

五是"生活环境的和谐程度"。科研人员进行科学研究时需要一个和谐的生活环境，和谐的生活环境能激发科研人员的创新热情、促进科研人员保持良好的创新心理。

管理机制代表了哲学社会科学创新运行能力中的内部支持能力。管理机制是高校从整体上安排和组织实施哲学社会科学创新的机制，是实现哲学社会科学创新的重要保证。高校为了推进哲学社会科学创新活动，需要对哲学社会科学资源进行优化配置，使哲学社会科学创新的人力、经费、装备、信息等资源得到最有效的利用。本书选取三个指标来衡量管理机制的合理水平：

一是"创新战略的科学程度"。高校管理者如何确定自己的哲学社会科学创新道路，首先必须对哲学社会科学发展趋势有所把握，能够充分分析自己的科研能力，选择哲学社会科学创新的主攻方向，创新战略正确与否对哲学社会科学创新能力具有重要影响。创新战略落实到具体的活动上，表现在创新资源的配置、信息的收集和分析、创新方式的选择、创新决策等方面。

二是"创新激励机制的完善程度"。创新激励机制就是要使创新人员人尽其才、晋奖激励、沟通顺畅、合作有效，主要反映调动科研人员进行哲学社会科学创新的积极性。

三是"组织协调的效率程度"。哲学社会科学创新活动需要组织各相关部门和机构积极参与，组织协调能力反映了参与哲学社会科学创新的协作程度和合作效率。

组织文化代表了哲学社会科学创新运行能力中的内部融合能力。在高校哲学社会科学创新活动中，需要的是创造鼓励创新的组织文化，即创新文化，使得优秀的人才之间能够有效协作，达到创新的结果。创新文化，说到底就是能够最大限度地激励或激发人们去创新的文化。对于科技领域来说，就是能够最大限度地激励或激发人们进行科技创新（特别是重大的原始性创新）的文化[1]。创新文化能以内在的、不知不觉的、潜移默化的方式制约和规范着创新者的行为，赋予创新行动以根据和意义，使社会经济发展产生最为持久的、稳定的强劲动力[2]。一旦高校形成了哲学社会科学创新组织文化，它就会对哲学社会科学创新组织的活

---

[1] 孟建伟. 创新文化与科学观的转变 [J]. 中国人民大学学报, 2005 (4): 17-23
[2] 欧庭高. 不确定性视野中的科技创新文化 [J]. 中国人民大学学报, 2006 (6): 128-134

动起引导作用，开创出更有效率的哲学社会科学创新组织。本书选取三个指标来衡量组织文化的调控水平：

一是"学术氛围的宽松程度"。哲学社会科学研究需要宽松的学术氛围，这样有利于不同学术思想、方法的交流与激荡，创造出更新颖性的成果。

二是"创新倾向的强烈程度"。一个创新型的组织文化，必然是具有强烈创新倾向的文化，在这种文化氛围中，哲学社会科学科研人员都应具有强烈的创新主动性和合理的创新前瞻性。

三是"对待创新成果的宽容程度"。哲学社会科学创新成果不像科技创新成果那样具有唯一性，其成果更有可能刚创造出来时与当时的主流理论格格不入，对于这样的成果应持宽容的态度，才能实现"百花齐放、百家争鸣"。

基于上述分析，哲学社会科学创新运行能力的评价指标如表 3-2 所示。

表 3-2 哲学社会科学创新运行能力评价指标

创新运行	评价指标名称
社会支持	当期参加国际学术会议全时 R&D 人员比例
	与国外建立交流合作关系的学科数的比例
	当期国家社科基金项目数
	当期全时 R&D 人员人均承担国家社科基金项目数
	生活环境的和谐程度
管理机制	创新战略的科学程度
	创新激励机制的完善程度
	组织协调的效率程度
组织文化	学术氛围的宽松程度
	创新倾向的强烈程度
	对待创新成果的宽容程度

3）哲学社会科学创新产出能力

本书第 1 章将哲学社会科学创新产出能力归纳为三个方面：科研产出、学科建设和社会贡献。

科研产出代表了哲学社会科学创新产出能力中的成果产出能力。哲学社会科学创新活动最终必然地表现在一系列的科研成果上，科研成果的数量多少和质量高低，反映的是高校哲学社会科学创新的实力和创新投入所带来的结果。科研产出的评价既要考虑数量，更要考虑质量。本书选取七个指标来衡量科研产出的数量与水平：

一是"当期出版专著数"。在所有的哲学社会科学著作中，专著的学术水平最高，数量也最少，能很好地表征科研人员的创新性成果。

二是"当期提交有关部门的研究报告数"。高校哲学社会科学创新必须面向市场，加强成果开发与转化，这也是推动经济社会发展的强大动力之一。因此，研究报告是衡量高校哲学社会科学创新能力和对经济社会影响能力的一个重要指标。

三是"当期 SSCI、A&HCI 收录论文数"。SSCI（社会科学引文索引）和 A&HCI（艺术与人文科学引文索引）是国际权威检索工具，期刊和论文被 SSCI 和 A&HCI 收录和引用的数量被普遍认为是评价其基础科学研究水平、论文质量和科技实力的重要指标。

四是"当期 SSCI、A&HCI 被引论文次数"。该指标反映了 SSCI、A&HCI 论文被国际论文引证的情况，是一项评价论文质量和国际学术影响的重要指标。

五是"当期 ISSHP 收录论文数"。ISSHP（社会科学及人文科学会议录索引）是一种专门收录世界各种重要的社会科学及人文科学的会议文献检索工具，能被其收录，表明该会议论文在国际学术研讨会上的地位与影响。

六是"当期 CSSCI 收录论文数"。CSSCI（中国社会科学引文索引）是国内关于哲学社会科学论文的权威性数据库，是测度国内论文质量的重要科学计量指标。

七是"当期 CSSCI 被引论文次数"。该指标反映了 CSSCI 论文被国内高水平论文引证的情况，是一项评价论文质量和国内学术影响的重要指标。

学科建设代表了哲学社会科学创新产出能力中的学科发展能力。学科建设贯穿知识的生产、传播和应用全过程，是高校进行哲学社会科学创新的基础条件，是其能在多大程度上完成高等学校职能的一个重要标志，也是衡量高校哲学社会科学科研水平的重要指标。本书选取两个指标来衡量学科建设的成就与质量：

一是"国家重点学科数"。国家重点学科已成为我国高等学校重要的具有骨干和示范作用的教学、科研基地，国家重点学科的数量在很大程度上反映了高校学科建设的规模与水平。

二是"博士后流动站与博士点数"。博士后流动站、一级学科博士点和二级学科博士点是人才培养的基地，表明了学科发展已达到了较高水平，其数量的多少也间接表征了高校的师资水平、科研水平和发展潜力。

社会贡献代表了哲学社会科学创新产出能力中的社会价值水平。IBM 公司全球科技暨制造资深副总裁尼克·唐纳菲欧（Nicholas M. Donofrio）认为，在 21 世纪，真正的创新必须结合想法与发明，而创新的价值在于透过知识和科技交互运作之后，能提升整体产业生产力，并创造经济增长的动力，即创新在于创造社会与商业价值①。哲学社会科学创新的价值更多地表现为创造社会价值，即要有一

---

① IBM 资深副总裁：创新在于创造社会与商业价值［EB/OL］. http://it.sohu.com/20050324/n224838442.shtml，2008-01-08

定的社会贡献。本书选取四个指标来衡量社会贡献的实际水平：

一是"当年授予硕士、博士学位数和出站博士后人数"。硕士、博士和博士后，是高校为社会培养的高素质人才，也是从事哲学社会科学创新的后备力量。

二是"全国百篇优秀博士学位论文数"。全国优秀博士学位论文评审工作自1998年开始以来，每年只评出约100篇论文，反映了高校博士毕业生的研究和创新最高水平。

三是"国家哲学社会科学基金项目优秀成果奖获奖数"。科技奖励是对科学研究工作成果及贡献的一种肯定及鼓励，科研成果的产生也是科研人员长期工作积累与创新研究的结晶，科研成果的获奖在很大程度上反映了评价对象在该领域的研究水平、所处地位、科研团队的研究能力以及对国家经济和社会发展的贡献度，是具有全局性、前瞻性、战略性、社会效益和战略价值的优秀研究成果。

四是"中国高校人文社会科学研究优秀成果奖获奖数"。中国高校人文社会科学研究优秀成果奖虽然是教育部设立的，但同样是奖励级别高、最具代表性的国家级社会科学奖励。

基于上述分析，哲学社会科学创新产出能力的评价指标如表3-3所示。

表3-3 哲学社会科学创新产出能力评价指标

创新产出	评价指标名称
科研产出	当期出版专著数
	当期提交有关部门的研究报告数
	当期SSCI，A&HCI收录论文数
	当期SSCI、A&HCI被引论文次数
	当期ISSHP收录论文数
	当期CSSCI收录论文数
	当期CSSCI被引论文次数
学科建设	国家重点学科数
	博士后流动站与博士点数
社会贡献	当年授予硕士、博士学位数和出站博士后人数
	全国百篇优秀博士学位论文数
	国家哲学社会科学基金项目优秀成果奖获奖数
	中国高校人文社会科学研究优秀成果奖获奖数

4）哲学社会科学创新能力评价指标体系框架

结合上文的分析与探讨，可以建立完整的哲学社会科学创新能力评价指标体系框架，如表3-4所示。该指标体系由目标层、3个准则层、9个分准则层、33

个方案层指标构成，方案层指标中，共有定量指标 25 个、定性指标 8 个。

表 3-4 哲学社会科学创新能力评价指标体系框架

目标层	准则层（一级指标）	分准则层（二级指标）	方案层（三级指标）
哲学社会科学创新能力	创新投入（U_1）	科研队伍（U_{11}）	哲学社会科学学科博导人数比例（U_{111}）
			教师队伍中社科英才人数比例（U_{112}）
			高级职称占教师总人数的比例（U_{113}）
			教师队伍中全时 R&D 人员的比例（U_{114}）
		科研经费（U_{12}）	当期科研支出经费（U_{121}）
			当期全时 R&D 人员人均科研经费（U_{122}）
		科研设施（U_{13}）	教育部人文社科重点研究基地数（U_{131}）
			图书馆信息资源量（U_{132}）
			信息资源采集便捷程度（U_{133}）
	创新运行（U_2）	社会支持（U_{21}）	当期参加国际学术会议全时 R&D 人员比例（U_{211}）
			与国外建立交流合作关系的学科数的比例（U_{212}）
			当期国家社科基金项目数（U_{213}）
			当期全时 R&D 人员人均承担国家社科基金项目数（U_{214}）
			生活环境的和谐程度（U_{215}）
		管理机制（U_{22}）	创新战略的科学程度（U_{221}）
			创新激励机制的完善程度（U_{222}）
			组织协调的效率程度（U_{223}）
		组织文化（U_{23}）	学术氛围的宽松程度（U_{231}）
			创新倾向的强烈程度（U_{232}）
			对待创新成果的宽容程度（U_{233}）
	创新产出（U_3）	科研产出（U_{31}）	当期出版专著数（U_{311}）
			当期提交有关部门的研究报告数（U_{312}）
			当期 SSCI、A&HCI 收录论文数（U_{313}）
			当期 SSCI、A&HCI 被引论文次数（U_{314}）
			当期 ISSHP 收录论文数（U_{315}）
			当期 CSSCI 收录论文数（U_{316}）
			当期 CSSCI 被引论文次数（U_{317}）
		学科建设（U_{32}）	国家重点学科数（U_{321}）
			博士后流动站与博士点数（U_{322}）
		社会贡献（U_{33}）	当年授予硕士、博士学位数和出站博士后人数（U_{331}）
			全国百篇优秀博士学位论文数（U_{332}）
			国家哲学社会科学基金项目优秀成果奖获奖数（U_{333}）
			中国高校人文社会科学研究优秀成果奖获奖数（U_{334}）

第 4 章

高校哲学社会科学创新能力评价模型的构建

4.1 单个指标的评价

从第3章已建立的哲学社会科学创新能力评价指标体系中，可以看出评价指标既有定量指标，又有定性指标。由于定量指标和定性指标的评价标准和评价方式不同，为了便于处理，将定量指标和定性指标分开来进行描述，探讨其评价方法。

4.1.1 定性指标的评价

对于定性指标，指标值具有模糊和非定量化的特点，很难用精确数字来表示，在实际评价中，相对合理的方法是基于德尔菲法的等级论域方法。德尔菲法是在20世纪40年代由赫尔默（Helmer）和戈登（Gordon）首创，是一种集体预测性调查方法，最初产生于科技领域，后来逐渐被广泛应用于多个领域的预测，如军事预测、人口预测、医疗保健预测、经营和需求预测、教育预测等；此外，还用来进行评价、决策、管理沟通和规划工作。德尔菲法的具体做法是：①预测机构将要预测的问题写成含义明确的调查提纲，分别送给经过选择的专家，请他们用书面形式作出回答。②专家们在背靠背、互不通气的情况下，各自独立地作出自己的回答。然后将自己的预测意见，以无记名的方式反馈给预测机构。③预测机构汇总专家们的意见，进行定量分析，然后将统计分析的结果反馈给专家。④专家们根据反馈资料，重新考虑原先的预测意见，既可改变自己的看法，也可坚持原来的意见[1]。等级论域方法，是指将定性指标取值范围按评语等级硬性划分几个分值范围，如"很好"[90~100]、"较好"[80~90]、"一般"[70~80]、"较差"[60~70]、"很差"[0~60][2]。这两种方法结合在一起，就是基于德尔菲法的等级论域方法，其基本做法是先将指标划分等级，然后由专家按照自己对指标信息的了解进行评分。

为了便于专家对定性指标进行评分，需要对指标的赋值范围进行设定，即确定分值。本书利用100分制方法，按照模糊分类的原则将分值范围划分为五个等

---

[1] 集体访谈法 [EB/OL]. xy.scau.edu.cn/gongguan/shdc/2007/3-14/21226.htm, 2008-01-09
[2] 定性指标评价值的确定 [EB/OL]. col.njtu.edu.cn/zskj/4027/classroom/4system-opinion/5zonghe/4dingxing.htm, 2008-01-09

级，即很强、较强、一般、较弱、弱。等级与分数的对应关系如表 4-1 所示。

表 4-1　定性指标等级与模糊数的对应关系

项目	对应关系				
等级描述	很强	较强	一般	较弱	弱
隶属范围	[90-100]	[80-90)	[70-80)	[60-70)	[0-60)

另外，要说明的是，采用专家调查法，无疑就带有主观性。为了尽可能减少主观性的影响，应对需进行打分的定性指标制定一个评分标准。一般来说，指标指的是从哪些方面对工作产出进行衡量或评估；而标准指的是在各个指标上分别应该达到什么样的水平。指标解决的是我们需要评估"什么"的问题，标准解决的是要求被评估者做得"怎样"、完成"多少"的问题[①]。根据查阅相关资料和对高校相关职能部门的调查，本书设计的定性指标测度标准如表 4-2 所示。

表 4-2　定性指标的模糊测度标准

定性指标	测度标准					
	等级描述	差	较差	一般	较好	很好
	隶属范围	[0-60)	[60-70)	[70-80)	[80-90)	[90-100]
信息资源采集的便捷程度（U_{133}）	近3年内	信息资源管理机构很不健全、信息管理人员素质很低、利用互联网获取信息很不方便	信息资源管理机构不太健全、信息管理人员素质比较低、利用互联网获取信息不太方便	信息资源管理机构基本健全、信息管理人员素质基本称职、利用互联网获取信息基本方便	信息资源管理机构健全、信息管理人员素质称职、利用互联网获取信息方便	信息资源管理机构很健全、信息管理人员素质很高、利用互联网获得信息很方便
生活环境的和谐程度（U_{215}）	近3年内	社会秩序很不稳定，生活环境很不舒适，人际关系很不融洽，社会保障很不充分，公共服务很不完善	社会秩序不太稳定，生活环境不太舒适，人际关系不太融洽，社会保障不太充分，公共服务不太完善	社会秩序基本稳定，生活环境基本舒适，人际关系基本融洽，社会保障基本充分，公共服务基本完善	社会秩序稳定，生活环境舒适，人际关系融洽，社会保障充分、公共服务完善	社会秩序很稳定，生活环境很舒适，人际关系很融洽、社会保障很充分、公共服务很完善

---

① 关键绩效指标的设定 [EB/OL]．http：//www.www-800.com/qygl/gjxj4.htm，2008-01-09

续表

定性指标	测度标准					
	等级描述	差	较差	一般	较好	很好
	隶属范围	[0-60)	[60-70)	[70-80)	[80-90)	[90-100]
创新战略的科学程度（U_{221}）	近3年内	管理者不能有效配置创新资源、做不好信息的收集与分析工作、不能选择合适的创新方式、不能制定正确的创新决策	管理者配置创新资源的效率不太高、信息的收集与分析工作不太好、选择创新的方式不太合适、制定的创新决策不太正确	管理者基本上能有效配置创新资源、基本上做好信息的收集和分析工作、选择基本合适的创新方式、制定基本正确的创新决策	管理者能有效配置创新资源、做好信息的收集与和分析工作、选择合适创新方式、制定正确的创新决策	管理者能高效配置创新资源、积极做好信息的收集和分析工作、准确选择合适的创新方式、主动制定正确的创新决策
创新激励机制的完善程度（U_{222}）	近3年内	责任很不明确，奖励很不到位，科研人员对报酬很不满意，不能调动科研人员进行哲学社会科学创新的积极性	责任不太明确，奖励不太到位，科研人员对报酬不太满意，不太能调动科研人员进行哲学社会科学创新的积极性	责任基本明确，奖励基本到位，科研人员对报酬基本满意，基本上能调动科研人员进行哲学社会科学创新的积极性	责任明确，奖励到位，科研人员对报酬满意，能调动科研人员进行哲学社会科学创新的积极性	责任非常明确，奖励非常到位，科研人员对报酬非常满意，非常能调动科研人员进行哲学社会科学创新的积极性
组织协调的效率程度（U_{223}）	近3年内	内部各相关部门与机构不能很协调地参与哲学社会科学创新过程，内部交流很不顺畅，与外界交流合作很不频繁	内部各相关部门与机构不太能很协调地参与哲学社会科学创新过程，内部交流不大顺畅，与外界交流合作不太频繁	内部各相关部门与机构基本能协调地参与哲学社会科学创新过程，内部交流基本顺畅，与外界交流合作基本频繁	内部各相关部门与机构能协调地参与哲学社会科学创新过程，内部交流顺畅，与外界交流合作频繁	内部各相关部门与机构能非常协调地参与哲学社会科学创新过程，内部交流非常顺畅，与外界交流合作非常频繁

续表

定性指标	测度标准					
	等级描述	差	较差	一般	较好	很好
	隶属范围	[0-60)	[60-70)	[70-80)	[80-90)	[90-100]
学术氛围的宽松程度（U_{231}）	近3年内	禁止不同学派、不同学术观点的相互切磋和争鸣，禁止为不同的学术观点的交流、争鸣提供适当的学术空间	不太提倡不同学派、不同学术观点的相互切磋和争鸣，不大能为不同的学术观点的交流、争鸣提供适当的学术空间	基本提倡不同学派、不同学术观点的相互切磋和争鸣，基本能为不同的学术观点的交流、争鸣提供适当的学术空间	提倡不同学派、不同学术观点的相互切磋和争鸣，为不同的学术观点的交流、争鸣提供适当的学术空间	积极提倡不同学派、不同学术观点的相互切磋和争鸣，积极为不同的学术观点的交流、争鸣提供适当的学术空间
创新倾向的强烈程度（U_{232}）	近3年内	管理人员不具有创新主动性和创新前瞻性	管理人员不太具有创新主动性和创新前瞻性	管理人员具有的一般的创新主动性和基本合理的创新前瞻性	管理人员具有的较强的创新主动性和较合理的创新前瞻性	管理人员具有强烈的创新主动性和合理的创新前瞻性
对待创新成果的宽容程度（U_{233}）	近3年内	不能充分尊重创新过程中的失败者，对创新者的失败埋怨、挖苦和指责，也不给予真诚的鼓励	不能基本尊重创新过程中的失败者，对创新者的失败有些埋怨、挖苦和指责，也不大给予鼓励	基本尊重创新过程中的失败者，对创新者的失败基本上不埋怨、不挖苦、不指责，基本上给予鼓励	尊重创新过程中的失败者，对创新者的失败不埋怨、不挖苦、不指责，给予真诚的鼓励	充分尊重创新过程中的失败者，对创新者的失败从不埋怨、挖苦与指责，主动给予真诚的鼓励

4.1.2 定量指标的评价

定量指标是指直接可以通过数据计算分析评价内容、反映评价结果的指标。本书设计的25个定量指标的计算方法如下：

（1）哲学社会科学学科博导人数比例（U_{111}）：

$$哲学社会科学学科博导人数比例 = N/M$$

其中，N 表示该高校所拥有的哲学社会科学领域的博导人数，M 为高校所拥有的哲学社会科学领域的专任教师数。

(2) 教师队伍中社科英才人数比例（U_{112}）：

$$教师队伍中社科英才人数比例 = (\sum X_i + \sum Y_j)/M$$

其中，$\sum X_i$ 表示该高校所拥有的哲学社会科学领域的长江学者人数之和，$\sum Y_j$ 表示该高校所拥有的哲学社会科学领域的教育部跨世纪优秀人才与教育部新世纪优秀人才人数之和，M 为高校所拥有的哲学社会科学领域的专任教师数。

(3) 高级职称占教师总人数的比例（U_{113}）：

$$高级职称占教师总人数的比例 = \frac{\sum X + \sum Y}{N}$$

其中，$\sum X$ 表示该高校所拥有的哲学社会科学领域的教授与副教授人数之和，$\sum Y$ 表示该高校所拥有的哲学社会科学领域的研究员与副研究员人数之和，N 表示该高校哲学社会科学领域的教师人数总数。

(4) 教师队伍中全时 R&D 人员的比例（U_{114}）：

$$教师队伍中全时 R\&D 人员的比例 = \frac{M}{N}$$

所谓全时 R&D 人员，是指 90% 以上的工作时间用于哲学社会科学研究的人员。其中，M 表示该高校哲学社会科学领域的全时 R&D 人员总数，N 表示高该校哲学社会科学领域的教师人数总数。

(5) 当期科研支出经费（U_{121}）：

$$当期科研支出经费 = \sum X + \sum Y + \sum Z$$

其中，$\sum X$ 表示该高校在当期（指三年内）获得的纵向哲学社会科学科研经费，$\sum Y$ 表示该高校在当期获得的横向哲学社会科学科研经费，$\sum Z$ 表示该高校在当期配套投入的哲学社会科学科研经费，计量单位为万元。

(6) 当期全时 R&D 人员人均科研经费（U_{122}）：

$$当期全时 R\&D 人员人均科研经费 = \frac{\sum X + \sum Y + \sum Z}{M}$$

其中，M 表示该高校哲学社会科学领域的全时 R&D 人员总数，$\sum X$ 表示该高校在当期（指三年内）获得的纵向哲学社会科学科研经费，$\sum Y$ 表示该高校在当期获得的横向哲学社会科学科研经费，$\sum Z$ 表示该高校在当期配套投入的哲学社会科学科研经费，计量单位为万元。

(7) 教育部人文社科重点研究基地数（U_{131}）：

$$教育部人文社科重点研究基地数 = \sum_{i=1}^{n} X_i$$

其中，$\sum_{i=1}^{n} X_i$ 表示该高校哲学社会科学领域所有的教育部人文社科重点研究基地累加和。

（8）图书馆信息资源量（U_{132}）：

$$图书馆信息资源量 = \sum X + \sum Y + \sum Z$$

其中，$\sum X$ 表示该校图书馆所收藏的哲学社会科学领域图书总量，$\sum Y$ 表示该校图书馆所收藏的哲学社会科学领域期刊总量，$\sum Z$ 表示该校图书馆所收藏的哲学社会科学领域电子文献数据库总量，计量单位为万册。

（9）当期参加国际学术会议全时 R&D 人员比例（U_{211}）：

$$当期参加国际学术会议全时 R\&D 人员比例 = \frac{P}{M}$$

其中，P 表示该高校哲学社会科学领域的全时 R&D 人员在当期参加了在国外举行的国际会议的人数（次），M 表示该高校哲学社会科学领域的全时 R&D 总数。

（10）与国外建立交流合作关系的学科数的比例（U_{212}）：

$$与国外建立交流合作关系的学科数的比例 = \frac{K}{I}$$

其中，K 表示该高校与国外教学科研机构联合建立的哲学社会科学领域的二级科学（专业）总数，I 表示该高校所拥有的哲学社会科学领域的二级科学（专业）总数。

（11）当期国家社科基金项目数（U_{213}）：

$$当期国家社科基金项目数 = 10\sum A + 2\sum B + \sum C + \sum D$$

其中，$\sum A$ 代表该高校以项目第一负责单位申请获得的教育部哲学社会科学研究重大攻关项目的数量总和，$\sum B$ 代表该高校以项目第一负责单位申请获得的国家社科基金重点项目的数量总和，$\sum C$ 代表该高校以项目第一负责单位申请获得的国家社科基金一般项目的数量总和，$\sum D$ 代表该高校以项目第一负责单位申请获得的国家社科基金青年项目的数量总和，由于各项目所拨经费存在差距，因此以国家社科基金青年项目为基数，按经费比作为倍数，求出相应的重大攻关项目的当量系数为10、重点项目的当量系数为2，折算后求出项目总数。

（12）当期全时 R&D 人员人均承担国家社科基金项目数（U_{214}）：

$$当期全时 R\&D 人员人均承担国家社科基金项目数 = \frac{10\sum A + 2\sum B + \sum C + \sum D}{M}$$

其中，M 表示该高校哲学社会科学领域的全时 R&D 人员总数，$\sum A$ 代表该高校以项目第一负责单位申请获得的教育部哲学社会科学研究重大攻关项目的数量总和，$\sum B$ 代表该高校以项目第一负责单位申请获得的国家社科基金重点项目的数量总和，$\sum C$ 代表该高校以项目第一负责单位申请获得的国家社科基金一般项目的数量总和，$\sum D$ 代表该高校以项目第一负责单位申请获得的国家社科基金青年项目的数量总和，由于各项目所拨经费存在差距，因此以国家社科基金青年项目为基数，按经费比作为倍数，求出相应的重大攻关项目的当量系数为 10、重点项目的当数系数为 2，折算后求出项目总数。

(13) 当期出版专著数（U_{311}）：

$$当期出版专著数 = \sum_{i=1}^{n} X_i$$

其中，$\sum_{i=1}^{n} X_i$ 代表该高校所出版的哲学社会科学领域内的专著数量总和。

(14) 当期提交有关部门的研究报告数（U_{312}）：

$$当期提交有关部门的研究报告数 = \sum_{i=1}^{n} X_i$$

其中，$\sum_{i=1}^{n} X_i$ 代表该高校各部门提出的哲学社会科学领域内的研究报告数量总和。

(15) 当期 SSCI、A&HCI 收录论文数（U_{313}）：

$$当期 SSCI、A\&HCI 收录论文数 = \sum X + \sum Y$$

其中，$\sum X$ 代表该高校被 SSCI 收录的论文数量总和，$\sum Y$ 代表该高校被 A&HCI 收录的论文数量总和。

(16) 当期 SSCI、A&HCI 被引论文次数（U_{314}）：

$$当期 SSCI, A\&HCI 被引论文次数 = \sum X + \sum Y$$

其中，$\sum X$ 代表该高校被 SSCI 引用的论文次数总和，$\sum Y$ 代表该高校被 A&HCI 引用的论文次数总和。

(17) 当期 ISSHP 收录论文数（U_{315}）：

$$当期 ISSHP 收录论文数 = \sum X$$

其中，$\sum X$ 代表该高校被 ISSHP 收录的论文数总和。

(18) 当期 CSSCI 收录论文数（U_{316}）：

$$当期 CSSCI 收录论文数 = \sum X$$

其中，$\sum X$ 代表该高校当期被 CSSCI 收录的论文总数。

(19) 当期 CSSCI 被引论文次数（U_{317}）：

$$当期 CSSCI 被引论文次数 = \sum X$$

其中，$\sum X$ 代表该高校当期被 CSSCI 引用的论文次数总和。

(20) 国家重点学科数（U_{321}）：

$$国家重点学科数 = \sum_{i=1}^{n} X_i$$

其中，$\sum_{i=1}^{n} X_i$ 代表该高校哲学社会科学领域内所有国家重点学科数的总和。

(21) 博士后流动站与博士点数（U_{322}）：

$$博士后流动站与博士点数 = \sum X + \sum Y$$

其中，$\sum X$ 代表该高校哲学社会科学领域的博士后流动站数量总和，$\sum Y$ 代表该高校哲学社会科学领域的博士点数量总和。

(22) 当年授予硕士、博士学位数和出站博士后人数（U_{331}）：

$$当年授予硕士、博士学位数和出站博士后人数 = \sum X + 3\sum Y + 3\sum Z$$

其中，$\sum X$ 代表该高校在当年授予哲学社会科学领域的硕士学位人数总和，$\sum Y$ 代表该高校在当年授予哲学社会科学领域的博士学位人数总和，$\sum Z$ 代表该高校在当年在哲学社会科学领域的博士后流动站出站人数总和，计算时以硕士学位获得者人数为基数，博士学位获得者与博士后出站人员都乘以 3 倍的当量系数。

(23) 全国百篇优秀博士学位论文数（U_{332}）：

$$全国百篇优秀博士学位论文数 = \sum X$$

其中，$\sum X$ 代表该高校哲学社会科学领域的博士学位毕业论文被评为全国百篇优秀论文数总和。

(24) 国家社会科学基金项目优秀成果奖获奖数（U_{333}）：

$$国家社科基金项目优秀成果奖获奖数 = 5\sum X + 2\sum Y + \sum Z$$

其中，$\sum X$ 代表该高校获得的社会科学基金项目优秀成果奖一等奖项目数总和，$\sum Y$ 代表该高校获得的社会科学基金项目优秀成果奖二等奖项目数总和，$\sum Z$ 代表该高校获得的社会科学基金项目优秀成果奖三等奖项目数总和，计算时以三等奖项目数为基数，一等奖项目数和二等奖项目数分别乘以 5 倍和 2 倍的当量系数。

(25) 中国高校人文社会科学研究优秀成果奖获奖数（U_{334}）：

中国高校人文社会科学研究优秀成果奖获奖数 = $5\sum X + 2\sum Y + \sum Z$

其中，$\sum X$ 代表该高校获得的中国高校人文社会科学研究优秀成果奖一等奖项目数总和，$\sum Y$ 代表该高校获得的中国高校人文社会科学研究优秀成果奖二等奖项目数总和，$\sum Z$ 代表该高校获得的中国高校人文社会科学研究优秀成果奖三等奖项目数总和，计算时以三等奖项目数为基数，一等奖项目数和二等奖项目数分别乘以 5 倍和 2 倍的当量系数。本次计算仅统计第三届（2003 年）与第四届（2006 年）中国高校人文社会科学研究优秀成果奖。

4.2 设计指标权重

4.2.1 权重设计的基本原理

各项评价指标在指标体系中的地位和重要程度是不同的。为了体现这些，就要为每项评价指标设定权重，这样才能达到客观、可比的要求。指标权重，是表示某项指标在评价指标体系中重要程度的量数标志，也称权数、权值、权重系数。指标权重的合理与否在很大程度上影响哲学社会科学创新能力评价的正确性和科学性。到目前为止，确定指标权重的主要方法有直接经验法、德尔菲法、优序图法、相关系数法、排序法、连环比率法、极值迭代法、层次分析法等[1]。鉴于层次分析法体现了人的决策思维的基本特征，即分析、判断、综合，它又是一种把定性分析与定量分析有机结合起来的较好的科学决策方法，抓住了问题的整体判断，能将复杂问题中的各种因素，通过划分若干个相互联系的有序层次结构，使其条理化，然后依据一定的判断准则，在比原来问题简单得多的层次上进行分析，再进行总体层次上的综合分析或决策，能较全面地反映评价对象的整体情况，可避免大量指标同时赋权的混乱和失误，从而提高评估的简便性和准确性。因此，本书选用层次分析法确定各评价指标权重，但对最后的权重结果，仍可以征询部分专家做小范围的修改。

层次分析法（analytic hierarchy process，AHP）是美国运筹学家萨蒂（Salty）

---

[1] Brown B. Delphi Process: A Methodology Used for the Elicitation of Opinions of Experts [M]. The Rand Corporation, 1987: 392

在 20 世纪 70 年代提出的一种定性与定量相结合的决策分析方法。AHP 进行决策分析的最终目的是定量地确定其决策方案中各个指标对于总目标的重要程度。其原理是：将所研究的问题按其性质，把各种选择指标、方案进行分类，并划分为若干层次，使问题转化为各指标方案相对重要的排序问题，通过构造判断矩阵，计算出某一层次因子相对于上一层次各个因素的单排序结构和相对于上一层次的总排序权重[1]。

层次分析法确定指标权重的步骤如下[3][4]：

步骤 1：构建层次结构。

AHP 的结构一般大致可分为三层：目标层、准则层和方案层。其中目标层表示总体目标；准则层包括实现总体目标的中间环节，可以由若干个层次组成；方案层中包括影响目标的各类因素。从表 3-4 可以看出，一级指标、二级指标及三级指标之间存在明显的递阶层次结构，准则层、分准则层与方案层之间存在着支配隶属关系。

步骤 2：构建两两比较判断矩阵。

判断矩阵是 AHP 工作的出发点，构造判断矩阵是 AHP 的关键一步。递阶层次结构建立以后，根据各层元素间的隶属关系，下层元素以上层某元素为准则，进行两两比较，构造比较判断矩阵。以 A 表示目标，U_i、U_j（$i, j = 1, 2, 3, \cdots, n$）表示下层元素，$U_{ij}$ 表示 U_i 对 U_j 的相对重要性数值，并由 U_{ij} 组成 $A - U$ 两两比较判断矩阵 P。

$$P = \begin{bmatrix} U_{11} & U_{12} & \cdots & U_{1n} \\ U_{21} & U_{22} & \cdots & U_{2n} \\ \vdots & \vdots & & \vdots \\ U_{n1} & U_{n2} & \cdots & U_{nn} \end{bmatrix}$$

步骤 3：建立评价量化等级表。

U_{ij} 可以通过采用 Saaty 的 1~9 级标度法来对比较结果加以量化。具体含义如表 4-3 所示。

---

[1] Salehfa, H., Benson, S. A.. Electric utility coal quality analysis using artificial neural network techniques [J]. Neurocomputing, 2003 (11)

[3] 许福永，申健，李剑英. 基于 AHP 和 ANN 的网络安全综合评价方法研究 [J]. 计算机工程与应用，2005 (29)：127-129

[4] 常玉，刘显东. 层次分析、模糊评价在企业技术创新能力评估中的应用 [J]. 科技进步与对策，2002 (9)：125-127

表 4-3 1-9 级评价量化等级表

比较情况	比较结果	量化
两个指标 U_i, U_j 同等重要	同样重要	$U_{ij} = 1$, $U_{ji} = 1$
按经验一个指标 U_i 比另一个指标 U_j 稍微重要	略微重要	$U_{ij} = 3$, $U_{ji} = 1/3$
按经验一个指标 U_i 比另一个指标 U_j 更为重要	更为重要	$U_{ij} = 5$, $U_{ji} = 1/5$
事实证明一个指标 U_i 比另一个指标 U_j 更为重要	确实重要	$U_{ij} = 7$, $U_{ji} = 1/7$
按经验与事实均证明一个指标 U_i 比另一个指标 U_j 明显重要	绝对重要	$U_{ij} = 9$, $U_{ji} = 1/9$
两个指标 U_i, U_j 比较的情况介于上述相邻情况之间	取中间值	$U_{ij} = 2, 4, 6, 8$ $U_{ji} = 1/2, 1/4, 1/6, 1/8$

步骤 4：层次单排序。

判断矩阵 P 对应于最大特征根 λ_{max} 的特征向量 w_0，经归一化后为同一层次相应因素对于上一层次某因素相对重要性的排序权值，这一过程称为层次单排序。

根据判断矩阵和评价量化等级表，求出其最大特征根 λ_{max} 所对应的特征向量 w_0，方程如下：

$$PW = \lambda_{max} \cdot W$$

所求特征向量 w_0 经归一化为各评价因素的层次单排序，也就是权重分配。

步骤 5：一致性验证。以上所得到的权重分配是否合理，还需要对判断矩阵进行一致性验证，检验公式为

$$CR = CI/RI$$

在其中，CR 为判断矩阵的随机一致性比率；CI 为判断矩阵的一般一致性指标，$CI = (\lambda_{max} - n)/(n - 1)$；$RI$ 为判断矩阵的随机一致性指标，1~9 阶的判断矩阵的 RI 值参见表 4-4。

表 4-4 随机一致性指标 RI 的值

项目	数值								
n	1	2	3	4	5	6	7	8	9
RI	0	0	0.58	0.90	1.12	1.24	1.32	1.41	1.45

当随机一致性比率 $CR < 0.10$，或 $\lambda_{max} = n$、$CI = 0$ 时，即可认为判断矩阵通过了一致性检验，具有满意的一致性，否则，就需要重新调整判断矩阵。

步骤 6：层次总排序及一致性检验。

上面得到的是一组元素对其上一层中某元素的权重向量。而最终要得到各元素，特别是最低层各方案对于目标的排序权重，从而进行方案选择。

设 B 层中与 P_j 相关的因素的成对比较判断矩阵在单排序中经一致性检验，求得单排序一致性指标为 $CI(j)$，（$j = 1, 2, 3, \cdots, m$），相应的平均随机一致性指标为 $RI(j)$（$CI(j)$，$RI(j)$ 已在层次单排序时求得），则 B 层总排序随机一致性比例为

$$CR = \frac{\sum_{j=1}^{m} CI(j) a_j}{\sum_{j=1}^{m} RI(j) a_j}$$

当 $CR < 0.10$ 时，认为层次总排序结果具有较满意的一致性并接受该分析结果。

4.2.2 确定各子要素的指标排序

层次分析法既有效地吸收了定性分析的结果，又发挥了定量分析的优势，既包含了主观的逻辑判断和分析，又依靠客观的精确计算和推演，使决策过程具有很强的条理性和科学性，能处理许多传统的最优化技术无法着手的实际问题，应用范围比较广泛。但是，层次分析法也具有一个较为明显的缺点：判断矩阵易出现严重的不一致现象。层次分析法存在较大的随意性，对于同样一个决策问题，如果在互不干扰、互不影响的条件下，让不同的人同样都采取AHP决策分析方法进行研究，则他们所建立的层次结构模型、所构造的判断矩阵很可能是各不相同的，分析所得出的结果也可能各有差异，从而导致判断矩阵易出现严重的不一致现象[1]。

例如，对于评价指标 X_1、X_2 和 X_3，两个专家 A 与 B 构造的判断矩阵分别为表 4-5 与表 4-6。

表 4-5 A 专家构造的判断矩阵

项目	X_1	X_2	X_3
X_1	1	1/4	1/7
X_2	4	1	1/3
X_3	7	3	1

表 4-6 B 专家构造的判断矩阵

项目	X_1	X_2	X_3
X_1	1	5/1	2/1
X_2	1/5	1	1/3
X_3	1/2	3	1

以上 AB 两位专家的判断矩阵都符合一致性检验，但可以看出，两位专家对于指标重要性的排序并不一致。A 专家对于三个指标的重要性排序依次为：$X_3 > X_2 > X_1$，B 专家对于三个指标的重要性排序依次为：$X_1 > X_3 > X_2$。因此，为了防止判断矩阵出现的不一致现象，需要首先选择若干专家对指标的相对重要性进行评

---

[1] 赵红霞，刘伟平. 森林旅游资源评价方法对比分析研究 [J]. 林业经济问题，2006 (2)：116-119

价排序，基本做法是：①专家们先独立对指标的相对重要性进行排序；②给每个指标按照它的位置的倒数进行赋值，统计每个指标的总得分，根据总得分对指标进行排序，得分大的排在前面。

按照上述做法，经过对 5 位专家进行问卷调查后，他们对哲学社会科学创新能力评价指标体系中各准则层、分准则层和方案层指标的相对重要性排序如下：

(1) 对评价目标——哲学社会科学创新能力评价的下属一级指标：创新投入（U_1）、创新运行（U_2）、创新产出（U_3）的相对重要性排序：

A 专家：$U_3 > U_1 > U_2$

B 专家：$U_2 > U_1 > U_3$

C 专家：$U_3 > U_2 > U_1$

D 专家：$U_2 > U_1 > U_3$

E 专家：$U_3 > U_2 > U_1$

结论：$U_3 > U_2 > U_1$

(2) 对准则层——创新投入（U_1）评价的下属二级指标：科研队伍（U_{11}）、科研经费（U_{12}）、科研设施（U_{13}）的相对重要性排序：

A 专家：$U_{11} > U_{12} > U_{13}$

B 专家：$U_{11} > U_{13} > U_{12}$

C 专家：$U_{11} > U_{13} > U_{12}$

D 专家：$U_{12} > U_{11} > U_{13}$

E 专家：$U_{12} > U_{11} > U_{13}$

结论：$U_{11} > U_{12} > U_{13}$

(3) 对分准则层——科研队伍（U_{11}）的评价的下属三级指标：哲学社会科学学科博导人数（U_{111}）、教师队伍中社科英才人数（U_{112}）、高级职称占教师总人数的比例（U_{113}）、教师队伍中全时 R&D 人员的比例（U_{114}）的相对重要性排序：

A 专家：$U_{114} > U_{112} > U_{111} > U_{113}$

B 专家：$U_{114} > U_{112} > U_{111} > U_{113}$

C 专家：$U_{112} > U_{111} > U_{113} > U_{114}$

D 专家：$U_{112} > U_{111} > U_{113} > U_{114}$

E 专家：$U_{112} > U_{111} > U_{114} > U_{113}$

结论：$U_{112} > U_{114} > U_{111} > U_{113}$

(4) 对分准则层——科研经费（U_{12}）的评价的下属三级指标：当期科研支出经费（U_{121}）、当期全时 R&D 人员人均科研经费（U_{122}）的相对重要性排序：

A 专家：$U_{121} > U_{122}$

B 专家：$U_{122} > U_{121}$

C 专家：$U_{121} > U_{122}$

D 专家：$U_{122} > U_{121}$

E 专家：$U_{122} > U_{121}$

结论：$U_{122} > U_{121}$

（5）对分准则层——科研设施（U_{13}）的评价的下属三级指标：教育部人文社科重点研究基地数（U_{131}）、图书馆信息资源量（U_{132}）、信息资源采集便捷程度（U_{133}）的相对重要性排序：

A 专家：$U_{131} > U_{132} > U_{133}$

B 专家：$U_{131} > U_{132} > U_{133}$

C 专家：$U_{131} > U_{132} > U_{133}$

D 专家：$U_{131} > U_{133} > U_{132}$

E 专家：$U_{131} > U_{132} > U_{133}$

结论：$U_{131} > U_{132} > U_{133}$

（6）对准则层——创新运行（U_2）评价的下属二级指标：社会支持（U_{21}）、管理机制（U_{22}）、组织文化（U_{23}）的相对重要性排序：

A 专家：$U_{22} > U_{23} > U_{21}$

B 专家：$U_{22} > U_{23} > U_{21}$

C 专家：$U_{22} > U_{23} > U_{21}$

D 专家：$U_{22} > U_{23} > U_{21}$

E 专家：$U_{22} > U_{23} > U_{21}$

结论：$U_{22} > U_{23} > U_{21}$

（7）对分准则层——社会支持（U_{21}）的评价的下属三级指标：当期参加国际学术会议全时 R&D 人员比例（U_{211}）、与国外建立交流合作关系的学科数的比例（U_{212}）、当期国家社科基金项目数（U_{213}）、当期全时 R&D 人员人均承担国家社科基金项目数（U_{214}）、生活环境的和谐程度（U_{215}）的相对重要性排序：

A 专家：$U_{213} > U_{214} > U_{211} > U_{212} > U_{215}$

B 专家：$U_{212} > U_{214} >_4 U_{213} > U_{211} > U_{215}$

C 专家：$U_{213} > U_{214} > U_{211} > U_{212} > U_{215}$

D 专家：$U_{212} > U_{214} > U_{215} > U_{213} > U_{211}$

E 专家：$U_{211} > U_{213} > U_{214} > U_{212} > U_{215}$

结论：$U_{213} > U_{212} > U_{214} > U_{211} > U_{215}$

（8）对分准则层——管理机制（U_{22}）的评价的下属三级指标：创新战略的科学程度（U_{221}）、创新激励机制的完善程度（U_{222}）、组织协调的效率程度

（U_{223}）的相对重要性排序：

A 专家：$U_{222} > U_{223} > U_{221}$

B 专家：$U_{222} > U_{223} > U_{221}$

C 专家：$U_{221} > U_{222} > U_{223}$

D 专家：$U_{223} > U_{222} > U_{221}$

E 专家：$U_{221} > U_{223} > U_{222}$

结论：$U_{222} > U_{221} > U_{223}$

（9）对分准则层——组织文化（U_{23}）的评价的下属三级指标：学术氛围的宽松程度（U_{231}）、创新倾向的强烈程度（U_{232}）、对待创新成果的宽容程度（U_{233}）的相对重要性排序：

A 专家：$U_{232} > U_{233} > U_{231}$

B 专家：$U_{233} > U_{231} > U_{232}$

C 专家：$U_{231} > U_{232} > U_{233}$

D 专家：$U_{232} > U_{231} > U_{233}$

E 专家：$U_{232} > U_{231} > U_{233}$

结论：$U_{232} > U_{231} > U_{233}$

（10）对准则层——创新产出（U_3）评价的下属二级指标：科研产出（U_{31}）、学科建设（U_{32}）、社会贡献（U_{33}）的相对重要性排序：

A 专家：$U_{31} > U_{32} > U_{33}$

B 专家：$U_{31} > U_{32} > U_{33}$

C 专家：$U_{32} > U_{31} > U_{33}$

D 专家：$U_{33} > U_{31} > U_{32}$

E 专家：$U_{31} > U_{33} > U_{32}$

结论：$U_{31} > U_{32} > U_{33}$

（11）对分准则层——科研产出（U_{31}）的评价的下属三级指标：当期全时 R&D 人员人均出版专著数（U_{311}）；当期提交有关部门的研究报告数（U_{312}）；当期 SSCI、A&HCI 收录论文数（U_{313}）；当期 SSCI、A&HCI 被引论文次数（U_{314}）；当期 ISSHP 收录论文数（U_{315}）；当期全时 R&D 人员人均 CSSCI 收录论文数（U_{316}）；当期 CSSCI 被引次数（U_{317}）的相对重要性排序：

A 专家：$U_{314} > U_{313} > U_{315} > U_{311} > U_{312} > U_{317} > U_{316}$

B 专家：$U_{314} > U_{313} > U_{312} > U_{311} > U_{315} > U_{317} > U_{316}$

C 专家：$U_{314} > U_{313} > U_{312} > U_{311} > U_{317} > U_{315} > U_{316}$

D 专家：$U_{314} > U_{313} > U_{317} > U_{316} > U_{312} > U_{311} > U_{315}$

E 专家：$U_{314} > U_{313} > U_{315} > U_{311} > U_{312} > U_{317} > U_{316}$

结论：$U_{314} > U_{313} > U_{312} > U_{311} > U_{315} > U_{317} > U_{316}$

（12）对分准则层——学科建设（U_{32}）的评价的下属三级指标：国家重点学科数（U_{321}）、博士后流动站与博士点数（U_{322}）的相对重要性排序：

A 专家：$U_{321} > U_{322}$

B 专家：$U_{321} > U_{322}$

C 专家：$U_{321} > U_{322}$

D 专家：$U_{322} > U_{321}$

E 专家：$U_{321} > U_{322}$

结论：$U_{321} > U_{322}$

（13）对分准则层——社会贡献（U_{33}）的评价的下属三级指标：当年授予硕士、博士学位数和出站博士后人数（U_{331}）、全国百篇优秀博士学位论文数（U_{332}）、国家哲学社会科学基金项目优秀成果奖获奖数（U_{333}）、中国高校人文社会科学研究优秀成果奖获奖数（U_{334}）的相对重要性排序：

A 专家：$U_{332} > U_{333} > U_{334} > U_{331}$

B 专家：$U_{332} > U_{333} > U_{334} > U_{331}$

C 专家：$U_{332} > U_{334} > U_{333} > U_{331}$

D 专家：$U_{332} > U_{333} > U_{334} > U_{331}$

E 专家：$U_{332} > U_{333} > U_{334} > U_{331}$

结论：$U_{332} > U_{333} > U_{334} > U_{331}$

4.2.3 确定各子要素的指标权重

通过专家调查的方式确定各指标的相对重要性排序后，还需要根据这些排序再要求专家对这些指标进行两两比较评分，构造判断矩阵。评价过程遵循德尔菲法的基本操作步骤，以匿名的方式征询专家对指标权重的看法，然后对征询到的各专家意见进行统计分析，对于不符合一致性要求的少数专家意见，选择放弃此专家对各指标的权重打分意见或者作出适当修改。在随后进行的一次意见征询中，将经过整理的上次调查结果反馈给各个专家，让他们重新考虑后再次提出自己的看法，并特别要求那些持不同看法的专家详细说明自己的理由。如果所有的 $CR < 0.10$，则整理专家们的打分结果，最后获得有统计意义的专家集体评分结果。

为了能使计算简便快捷，便于使用者操作，笔者用 MATLAB 编写了应用程序。根据表4-3所示的各指标两两比较的标度含义，综合各专家的意见，在目标层下属一级指标中，创新投入（U_1）、创新运行（U_2）、创新产出（U_3）的判断矩阵及相应的权重和一致性检验如表 4-7 所示。

表 4-7　目标层下的判断矩阵、权重及一致性检验

项目	U₁	U₂	U₃	Wᵢ
U₁	1	1/2	1/2	0.1958
U₂	2	1	1/2	0.3108
U₃	2	2	1	0.4934

$\lambda_{max} = 3.0536$　（$W_0 = [0.5053, 0.8021, 0.3183]^T$）

　　　　CI = 0.0268　　　　CR = 0.0462

类似地可求出各准则层（一级指标）、分准则层（二级指标）及各方案层（三级指标）相应的权重和一致性检验值，如表 4-8 ~ 表 4-19 所示。

表 4-8　准则层创新投入（U₁）下的判断矩阵、权重及一致性检验

项目	U₁₁	U₁₂	U₁₃	Wᵢⱼ
U₁₁	1	4	6	0.6817
U₁₂	1/4	1	4	0.2364
U₁₃	1/6	1/4	1	0.0819

$\lambda_{max} = 3.1078$　（$W_0 = [0.9388, 0.3255, 0.1128]^T$）

　　　　CI = 0.0539　　　　CR = 0.0929

表 4-9　分准则层科研队伍（U₁₁）下的判断矩阵、权重及一致性检验

项目	U₁₁₁	U₁₁₂	U₁₁₃	U₁₁₄	Wᵢⱼₙ
U₁₁₁	1	1/4	2	1/2	0.1376
U₁₁₂	4	1	6	2	0.5132
U₁₁₃	1/2	1/6	1	1/4	0.0741
U₁₁₄	2	1/2	4	1	0.2751

$\lambda_{max} = 4.0104$　（$W_0 = [0.2281, 0.8513, 0.1229, 0.4563]^T$）

　　　　CI = 0.0035　　　　CR = 0.0039

表 4-10　分准则层科研经费（U₁₂）下的判断矩阵、权重及一致性检验

项目	U₁₂₁	U₁₂₂	Wᵢⱼₙ
U₁₂₁	1	1/2	0.3333
U₁₂₂	2	1	0.6667

$\lambda_{max} = 2$　（$W_0 = [0.4472, 0.8944]^T$）

　　　　CI = 0　　　　CR = 0

表 4-11　分准则层科研设施（U₁₃）下的判断矩阵、权重及一致性检验

项目	U₁₃₁	U₁₃₂	U₁₃₃	Wᵢⱼₙ
U₁₃₁	1	4	6	0.6817

续表

项目	U_{131}	U_{132}	U_{133}	W_{ijn}
U_{132}	1/4	1	4	0.2364
U_{133}	1/6	1/4	1	0.0819

$\lambda_{max} = 3.1078$（$W_0 = [0.9388, 0.3255, 0.1128]^T$）

CI = 0.0539　　CR = 0.0929

表 4-12　准则层创新运行（U_2）下的判断矩阵、权重及一致性检验

项目	U_{21}	U_{22}	U_{23}	W_{ij}
U_{21}	1	1/5	1/4	0.0974
U_{22}	5	1	2	0.5695
U_{23}	4	1/2	1	0.3331

$\lambda_{max} = 3.0246$（$W_0 = [0.1460, 0.8540, 0.4994]^T$）

CI = 0.0123　　CR = 0.0212

表 4-13　分准则层社会支持（U_{21}）下的判断矩阵、权重及一致性检验

项目	U_{211}	U_{212}	U_{213}	U_{214}	U_{215}	W_{ijn}
U_{211}	1	1/4	1/7	1/3	2	0.0644
U_{212}	4	1	1/3	2	6	0.2334
U_{213}	7	3	1	5	8	0.5256
U_{214}	3	1/2	1/5	1	3	0.1327
U_{215}	1/2	1/6	1/8	1/3	1	0.0439

$\lambda_{max} = 5.1213$（$W_0 = [0.1082, 0.3920, 0.8829, 0.2229, 0.0738]^T$）

CI = 0.0303　　CR = 0.0271

表 4-14　分准则层管理机制（U_{22}）下的判断矩阵、权重及一致性检验

项目	U_{221}	U_{222}	U_{223}	W_{ijn}
U_{221}	1	1/3	4	0.2628
U_{222}	3	1	7	0.6586
U_{223}	1/4	1/7	1	0.0786

$\lambda_{max} = 3.0324$（$W_0 = [0.3683, 0.9232, 0.1102]^T$）

CI = 0.0162　　CR = 0.0279

表 4-15　分准则层组织文化（U_{23}）下的判断矩阵、权重及一致性检验

项目	U_{231}	U_{232}	U_{233}	W_{ijn}
U_{231}	1	1/4	3	0.2176
U_{232}	4	1	6	0.6910
U_{233}	1/3	1/6	1	0.0914

$\lambda_{max} = 3.0536$（$W_0 = [0.2981, 0.9463, 0.1252]^T$）

CI = 0.0282　　CR = 0.0485

表4-16 准则层创新产出（U_3）下的判断矩阵、权重及一致性检验

项目	U_{31}	U_{32}	U_{33}	W_{ij}
U_{31}	1	7	8	0.7838
U_{32}	1/7	1	2	0.1349
U_{33}	1/8	1/2	1	0.0813

$\lambda_{max} = 3.0349$ （$W_0 = [0.9804, 0.1688, 0.1017]^T$）

$CI = 0.0175$ $CR = 0.0301$

表4-17 分准则层科研产出（U_{31}）下的判断矩阵、权重及一致性检验

项目	U_{311}	U_{312}	U_{313}	U_{314}	U_{315}	U_{316}	U_{317}	W_{ijn}
U_{311}	1	1/2	1/3	1/4	2	4	3	0.1046
U_{312}	2	1	1/2	1/3	3	5	4	0.1602
U_{313}	3	2	1	1/3	4	6	5	0.2337
U_{314}	4	3	2	1	5	7	6	0.3568
U_{315}	1/2	1/3	1/4	1/5	1	3	2	0.0682
U_{316}	1/4	1/5	1/6	1/7	1/3	1	1/2	0.0314
U_{317}	1/3	1/4	1/5	1/6	1/2	2	1	0.0451

$\lambda_{max} = 7.1605$ （$W_0 = [0.2200, 0.3369, 0.4914, 0.7502, 0.1433, 0.0660, 0.0949]^T$）

$CI = 0.0268$ $CR = 0.0203$

表4-18 分准则层学科建设（U_{32}）下的判断矩阵、权重及一致性检验

项目	U_{321}	U_{322}	W_{ijn}
U_{321}	1	7	0.8750
U_{322}	1/7	1	0.1250

$\lambda_{max} = 2$ （$W_0 = [0.9899, 0.1414]^T$）

$CI = 0$ $CR = 0$

表4-19 分准则层社会贡献（U_{33}）下的判断矩阵、权重及一致性检验

项目	U_{331}	U_{332}	U_{333}	U_{334}	W_{ijn}
U_{331}	1	1/9	1/6	1/5	0.0431
U_{332}	9	1	3	4	0.5597
U_{333}	6	1/3	1	2	0.2432
U_{334}	5	1/4	1/2	1	0.1540

$\lambda_{max} = 4.0974$ （$W_0 = [0.0683, 0.8872, 0.3855, 0.2441]^T$）

$CI = 0.0325$ $CR = 0.0361$

按照上述应用层次分析法计算出来的指标权重，完整的哲学社会科学创新能力评价指标体系构成如表4-20所示。

表 4-20　哲学社会科学创新能力评价指标及其权重

目标层	准则层（一级指标）/权重	分准则层（二级指标）/权重	方案层（三级指标）/权重
哲学社会科学创新能力	创新投入（U_1）/0.1958	科研队伍（U_{11}）/0.6817	哲学社会科学学科博导人数比例（U_{111}）/0.1376
			教师队伍中社科英才人数比例（U_{112}）/0.5132
			高级职称占教师总人数的比例（U_{113}）/0.0741
			教师队伍中全时R&D人员的比例（U_{114}）/0.2751
		科研经费（U_{12}）/0.2364	当期科研支出经费（U_{121}）/0.3333
			当期全时R&D人员人均科研经费（U_{122}）/0.6667
		科研设施（U_{13}）/0.0819	教育部人文社科重点研究基地数（U_{131}）/0.6817
			图书馆信息资源量（U_{132}）/0.2364
			信息资源采集便捷程度（U_{133}）/0.0819
	创新运行（U_2）/0.3108	社会支持（U_{21}）/0.0974	当期参加国际学术会议全时R&D人员比例（U_{211}）/0.0644
			与国外建立交流合作关系的学科数的比例（U_{212}）/0.2334
			当期国家社科基金项目数（U_{213}）/0.5256
			当期全时R&D人员人均承担国家社科基金项目数（U_{214}）/0.1327
			生活环境的和谐程度（U_{215}）/0.0439
		管理机制（U_{22}）/0.5695	创新战略的科学程度（U_{221}）/0.2628
			创新激励机制的完善程度（U_{222}）/0.6586
			组织协调的效率程度（U_{223}）/0.0786
		组织文化（U_{23}）/0.3331	学术氛围的宽松程度（U_{231}）/0.2176
			创新倾向的强烈程度（U_{232}）/0.6910
			对待创新成果的宽容程度（U_{233}）/0.0914
	创新产出（U_3）/0.4934	科研产出（U_{31}）/0.7838	当期出版专著数（U_{311}）/0.1046
			当期提交有关部门的研究报告数（U_{312}）/0.1602
			当期SSCI、A&HCI收录论文数（U_{313}）/0.2337
			当期SSCI、A&HCI被引论文次数（U_{314}）/0.3568
			当期ISSHP收录论文数（U_{315}）/0.0682
			当期CSSCI收录论文数（U_{316}）/0.0314
			当期CSSCI被引论文次数（U_{317}）/0.0451
		学科建设（U_{32}）/0.1349	国家重点学科数（U_{321}）/0.8750
			博士后流动站与博士点数（U_{322}）/0.1250
		社会贡献（U_{33}）/0.0813	当年授予硕士、博士学位数和出站博士后人数（U_{331}）/0.0431
			全国百篇优秀博士学位论文数（U_{332}）/0.5597
			国家哲学社会科学基金项目优秀成果奖获奖数（U_{333}）/0.2432
			中国高校人文社会科学研究优秀成果奖获奖数（U_{334}）/0.1540

4.3 构建综合评价模型

4.3.1 评价模型的选择依据

在建立了哲学社会科学创新能力的评价指标体系以后，需要解决的主要问题就是如何综合评价哲学社会科学创新能力。哲学社会科学创新能力是一个综合性的指标，其评价值是由33个方案层指标综合得到的一个相对数，反映参与评价比较的各对象（区域或年份）之间的强弱。通常处理这种问题的方法为带有主观性的综合评分法。

本书认为，合理的哲学社会科学创新能力评价模型应满足这样的要求：通过模型的运行，能够对哲学社会科学创新能力进行准确、客观的评价，体现高校哲学社会科学创新活动的优势和不足，为宏观管理层与微观管理层提供决策的依据，从而使高校能够有针对性地进行哲学社会科学创新活动。由于影响高校哲学社会科学创新能力的某些因素是模糊的，不同高校哲学社会科学创新能力具有差异性和个性化的特点，许多指标是不能用数值确定的，即没有明确的边界，只有评价程度的高低，一般的情况下不能很清晰地定义出哲学社会科学创新能力究竟有多强，而是用"很强""强""一般""较弱""弱"五个等级来确定，但是也很难界定每个等级的标准。从这里可以看出，哲学社会科学创新能力的评价具有模糊性，故可以采用基于专家咨询的多层次模糊综合评价模型方法对哲学社会科学创新能力进行评价。

4.3.2 评价数据的模糊处理

既然采用模糊综合评价方法对哲学社会科学创新能力进行评价，那么就需要对评价指标得出来的评价数据进行模糊处理，以便于模糊综合评价方法的应用。前文已对指标体系框架中的各方案层指标的计算方法进行了探讨，为了适应模糊综合评价的需要，还应将根据这些计算方法算出来的数据进行模糊处理。

对于定性指标，前文已经提出模糊处理方法：基于德尔菲法的等级论域方法由各专家对指标进行评分。

对于定量指标，有两种模糊处理方法：第一种是将计算出来的结果直接交给专家组，专家组根据与同类高校的比较，分别按照"很强、较强、一般、较弱、弱"五个等级进行评判打分;第二种方法是函数化处理方法,又称功效函数法,即将每个指标的实际值转化为用百分制表示的数值①。该方法具体如下:

设Y_i为单指标模糊评价值,X_{max}为某指标在同类创新研究主体中的有量纲指标最大值,X_{min}为某指标在同类创新研究主体中的有量纲指标最小值,X_i为某指标在创新研究主体中的有量纲指标实际值。由于哲学社会科学创新能力评价指标体系中的定量指标都属于极大型指标,即指标值越大越好的指标,所以有:

$$Y_i = \frac{X_i - X_{min}}{X_{max} - X_{min}} \times 40 + 60 \qquad (4-1)$$

在式(4-1)中,Y_i的值按四舍五入的方式取整数。其中,将功效系数值乘以40再加上60是为了使所得到的标准值更有利于层次的划分,同时综合评价中的每个指标的得分在任何情况下都不会等于0,并与人们习惯的百分制评分方法一致,使评价结果更为直观,易于接受。

4.3.3 模糊综合评价模型

根据模糊综合评价模型方法的基本原则,建立哲学社会科学创新能力模糊综合评价模型的步骤如下:

1)设定指标权重向量

为了表述方便,用$w_i(i=1,2,3)$表示用层次分析法求得的各一级指标的权重系数,各指标权重向量$W = (w_1, w_2, w_3)$且满足$w_i \geq 0$,$\sum_{i=1}^{3} w_i = 1$。

用$w_{ij}(i=1,2,3;j=1,2,3)$表示用层次分析法求得的各二级指标的权重系数,各指标权重向量$W_i = (w_{i1}, w_{i2}, w_{i3})$且满足$w_{ij} \geq 0$,$\sum_{j=1}^{3} w_{ij} = 1$。

用w_{ijk}($i=1,2,3;j=1,2,3;k=1,2,\cdots,n$,$n$根据二级指标取值为2、3、4、5、7)表示用层次分析法求得的各三级指标的权重系数,各指标权重向量$W_{ij} = (w_{ij1}, w_{ij2}, \cdots, w_{ijn})$且满足$w_{ijk} \geq 0$,$\sum_{k=1}^{n} w_{ijk} = 1$。

2)建立评价指标集

根据已构建的哲学社会科学创新能力评价指标框架,可以建立以下评价指标集:

$$U = \{U_1, U_2, U_3\}$$

---

① 励明. 构建和谐社会统计监测指标体系研究 [EB/OL]. http://www.jztjj.gov.cn/tjyj/070918.html, 2008-03-08

$$U_i = \{U_{i1}, U_{i2}, U_{i3}\}$$
$$U_{ij} = \{U_{ij1}, U_{ij2}, U_{ij3}, \cdots, U_{ijk}\}$$
$$i = 1, 2, 3; j = 1, 2, 3; k = 1, 2, 3, \cdots, n$$
n 根据二级指标取值为 2、3、4、5、7

其中，U 表示目标层指标（即哲学社会科学创新能力），U_i 表示一级指标（准则层），U_{ij} 表示二级指标（分准则层），U_{ijk} 表示三级指标（方案层）。

3）建立评价等级集

评价等级集是评价者对评价对象可能作出的各种评价结果的集合。应用模糊综合评价方法的目的就是在综合考虑所有构成指标的基础上来评价哲学社会科学创新能力的强弱。因此，可以建立评价等级集为 $V = \{v_1, v_2, v_3, v_4, v_5\}$，其中 v_1 表示哲学社会科学创新能力很强，v_2 表示哲学社会科学创新能力较强，v_3 表示哲学社会科学创新能力一般，v_4 表示哲学社会科学创新能力较弱，v_5 表示哲学社会科学创新能力弱。

4）构建二级指标模糊判断矩阵

由于三级指标中既有定性指标，又有定量指标，因此不同性质的指标需要采取不同的模糊隶属度计算方法。

对于定性指标来说，根据表 4-1 提出的定性指标等级隶属范围，按照表 4-2 定性指标的模糊测度标准，可以请 N 位专家对三级定性指标属于哪个等级作出判断，然后求出该评价指标属于某等级的人数在全部评判人数中的比例作为 r_{ijkm}，就得到了该评价指标的隶属程度，即：

$$r_{ijkm} = N_{ijkm}/N \tag{4-2}$$

其中，$i = 1, 2, 3; j = 1, 2, 3; k = 1, 2, 3, m = 1, 2, 3, 4, 5$，表示 U_{ij} 二级指标被 N 个专家评为 v_m 等级的人数。

对于定量指标来说，对其进行无量纲化模糊处理后，可以得到属于某个区间的相应评价值，为了避免出现某项指标评价值位于边界边缘，而造成评语相差一个级别的不合理现象，将计算得出的各个指标的评价值，按照隶属函数公式进行模糊化处理，即确定最基层定量指标的隶属程度[①]。

---

① 王佳. 中小企业技术创新能力评价研究 [D]. 西安理工大学学位论文，2005：84

$$r_{ijk1} = \begin{cases} 1; & Y_i \geq 95 \\ (Y_i - 85)/10; & 85 \leq Y_i < 95 \\ 0; & \text{其他} \end{cases}$$

$$r_{ijk2} = \begin{cases} (95 - Y_i)/10; & 85 \leq Y_i < 95 \\ (Y_i - 75)/10; & 75 \leq Y_i < 85 \\ 0; & \text{其他} \end{cases}$$

$$r_{ijk3} = \begin{cases} (85 - Y_i)/10; & 75 \leq Y_i < 85 \\ (Y_i - 65)/10; & 65 \leq Y_i < 75 \\ 0; & \text{其他} \end{cases} \quad (4\text{-}3)$$

$$r_{ijk4} = \begin{cases} (75 - Y_i)/10; & 65 \leq Y_i < 75 \\ (Y_i - 55)/10; & 55 \leq Y_i < 65 \\ 0; & \text{其他} \end{cases}$$

$$r_{ijk5} = \begin{cases} (65 - Y_i)/10; & 55 \leq Y_i < 65 \\ (Y_i - 45)/10; & 45 \leq Y_i < 55 \\ 0; & \text{其他} \end{cases}$$

其中，$i = 1, 2, 3$；$j = 1, 2, 3$；$k = 1, 2, 3$。特别地，当 $Y_i = 60$ 时，规定 $r_{ijk4} = 0$、$r_{ijk5} = 1$，表示某指标在某高校的有量纲指标实际值 X_i 与某指标在所有高校中的有量纲指标最小值 $X_{\min}$ 相等的情况，即 $X_i = X_{\min}$。

按照定性指标和定量指标进行隶属程度计算后，得到的二级指标模糊判断矩阵如下：

$$R_{11} = \begin{bmatrix} r_{1111} r_{1112} r_{1113} r_{1114} r_{1115} \\ r_{1121} r_{1122} r_{1123} r_{1124} r_{1125} \\ r_{1131} r_{1132} r_{1133} r_{1134} r_{1135} \\ r_{1141} r_{1142} r_{1143} r_{1144} r_{1145} \end{bmatrix}, \quad R_{12} = \begin{bmatrix} r_{1211} r_{1212} r_{1213} r_{1214} r_{1215} \\ r_{1221} r_{1222} r_{1223} r_{1224} r_{1225} \end{bmatrix},$$

$$R_{13} = \begin{bmatrix} r_{1311} r_{1312} r_{1313} r_{1314} r_{1315} \\ r_{1321} r_{1322} r_{1323} r_{1324} r_{1325} \\ r_{1331} r_{1332} r_{1333} r_{1334} r_{1335} \end{bmatrix}, \quad R_{21} = \begin{bmatrix} r_{2111} r_{2112} r_{2113} r_{2114} r_{2115} \\ r_{2121} r_{2122} r_{2123} r_{2124} r_{2125} \\ r_{2131} r_{2132} r_{2133} r_{2134} r_{2135} \\ r_{2141} r_{2142} r_{2143} r_{2144} r_{2145} \\ r_{2151} r_{2152} r_{2153} r_{2154} r_{2155} \end{bmatrix},$$

$$R_{22} = \begin{bmatrix} r_{2211} r_{2212} r_{2213} r_{2214} r_{2215} \\ r_{2221} r_{2222} r_{2223} r_{2224} r_{2225} \\ r_{2231} r_{2232} r_{2233} r_{2234} r_{2235} \end{bmatrix}, \quad R_{23} = \begin{bmatrix} r_{2311} r_{2312} r_{2313} r_{2314} r_{2315} \\ r_{2321} r_{2322} r_{2323} r_{2324} r_{2325} \\ r_{2331} r_{2332} r_{2333} r_{2334} r_{2335} \end{bmatrix},$$

$$R_{31} = \begin{bmatrix} r_{3111} r_{3112} r_{3113} r_{3114} r_{3115} \\ r_{3121} r_{3122} r_{3123} r_{3124} r_{3125} \\ r_{3131} r_{3132} r_{3133} r_{3134} r_{3135} \\ r_{3141} r_{3142} r_{3143} r_{3144} r_{3145} \\ r_{3151} r_{3152} r_{3153} r_{3154} r_{3155} \\ r_{3161} r_{3162} r_{3163} r_{3164} r_{3165} \\ r_{3171} r_{3172} r_{3173} r_{3174} r_{3175} \end{bmatrix}, \quad R_{32} = \begin{bmatrix} r_{3211} r_{3212} r_{3213} r_{3214} r_{3215} \\ r_{3221} r_{3222} r_{3223} r_{3224} r_{3225} \end{bmatrix}$$

$$R_{33} = \begin{bmatrix} r_{3311} r_{3312} r_{3313} r_{3314} r_{3315} \\ r_{3321} r_{3322} r_{3323} r_{3324} r_{3325} \\ r_{3331} r_{3332} r_{3333} r_{3334} r_{3335} \\ r_{3341} r_{3342} r_{3343} r_{3344} r_{3345} \end{bmatrix}$$

5）计算二级指标的模糊向量

二级指标的模糊向量可以用来表示二级指标所表征出来的单项能力的强弱，将其权重向量与模糊判断矩阵相乘，就能得到二级指标的模糊向量。

用 S_{ij} 表示 U_{ij} 的模糊向量，得：

$$S_{ij} = W_{ij} \cdot R_{ij}$$

$$= (w_{ij1}, w_{ij2}, \cdots, w_{ijn}) \cdot \begin{bmatrix} r_{ij11} r_{ij12} r_{ij13} r_{ij14} r_{ij15} \\ r_{ij21} r_{ij22} r_{ij23} r_{ij24} r_{ij25} \\ \cdots \\ r_{ijk1} r_{ijk2} r_{ijk3} r_{ijk4} r_{ijk5} \end{bmatrix}$$

$$= (s_{ij1}, s_{ij2}, s_{ij3}, s_{ij4}, s_{ij5})$$

其中，s_{ijm} 表示 U_{ij} 项二级指标对应评价等级集中的 v_m（$i=1,2,3$；$j=1,2,3$；$k=1,2,3,\cdots,n$，n 根据二级指标取值为 2、3、4、5、7；$m=1,2,3,4,5$），表征二级指标的强弱。

6）构建一级指标模糊判断矩阵

根据上一步所得到的二级指标模糊向量，可以构建一级指标模糊判断矩阵如下：

$$R_i = \begin{bmatrix} s_{i11} s_{i12} s_{i13} s_{i14} s_{i15} \\ s_{i21} s_{i22} s_{i23} s_{i24} s_{i25} \\ s_{i31} s_{i32} s_{i33} s_{i34} s_{i35} \end{bmatrix}$$

其中，$i=1,2,3$。

7) 计算一级指标的模糊向量

一级指标的模糊向量可以用来表示一级指标所表征出来的单项能力的强弱，将其权重向量与模糊判断矩阵相乘，就能得到一级指标的模糊向量。

用 S_i 表示 U_i 的模糊向量，得：

$$S_i = W_i \cdot R_i$$

$$= (w_{i1}, w_{i2}, w_{i3}) \cdot \begin{bmatrix} s_{i11} s_{i12} s_{i13} s_{i14} s_{i15} \\ s_{i21} s_{i22} s_{i23} s_{i24} s_{i25} \\ s_{i31} s_{i32} s_{i33} s_{i34} s_{i35} \end{bmatrix}$$

$$= (s_{i1}, s_{i2}, s_{i3}, s_{i4}, s_{i5})$$

其中，s_{im} 表示 U_i 项一级指标对应评价等级集中的 v_m（$i = 1，2，3$；$m = 1，2，3，4，5$），表征一级指标的强弱。

8) 构建目标层模糊判断矩阵

根据上一步所得到的一级指标模糊向量，可以构建目标层模糊判断矩阵如下：

$$R = \begin{bmatrix} s_{11} s_{12} s_{13} s_{14} s_{15} \\ s_{21} s_{22} s_{23} s_{24} s_{25} \\ s_{31} s_{32} s_{33} s_{34} s_{35} \end{bmatrix}$$

9) 计算模糊综合评价结果

把目标层的权重向量与其模糊判断矩阵相乘，就能得到哲学社会科学创新能力模糊综合评价的结果。

用 S 表示模糊综合评价结果，有：

$$S = W \cdot R$$

$$= (w_1, w_2, w_3) \cdot \begin{bmatrix} s_{11} s_{12} s_{13} s_{14} s_{15} \\ s_{21} s_{22} s_{23} s_{24} s_{25} \\ s_{31} s_{32} s_{33} s_{34} s_{35} \end{bmatrix}$$

$$= (s_1, s_2, s_3, s_4, s_5)$$

其中，s_m 表示哲学社会科学创新能力对应评价等级集中的 v_m（$m = 1，2，3，4，5$），表征哲学社会科学创新能力的强弱。按最大隶属原则，若 s_1 最大，则说明该高校哲学社会科学创新能力很强；若 s_5 最大，则其哲学社会科学创新能力弱。

4.3.4 评价结果的有效性分析

运用模糊结合评价模型，一般都是按照最大隶属度原则来对被评价对象所属等级进行判断，哪个值最大就属于哪个等级，这在评价结果向量分量中的最大值与次大值之间存在明显差异时无疑是非常有效的，也是与实际情况相符的。但如果最大分量值与次大分量值之间的差距非常小，按照实际情况来看，就可能最终的评价结果是处于最大值与次大值对应的等级之间，而按最大隶属度原则，则选最大值对应的等级，这就无法客观地反映事物本身界限的模糊性了。特别地，当评价结果分量为同一个常数时，则最大隶属原则失效，即无法根据最大隶属原则对被评价对象作出所属等级的判断。因此，需要按照一定的规则来判断最大隶属原则的有效性。

可以按照下述方法来分析[①]：

设 $\max\limits_{0<j<n} s_j$ 为模糊评价结果向量中的最大隶属度（最大分量），$\sec\limits_{0<j<n} s_j$ 为模糊评价结果向量中的次大隶属度（次大分量），s_j 为等级论域（分量），n 为等级论域总数，c 为常数。在模糊综合评价中，当 $\max\limits_{0<j<n} s_j = 1$、$\sum\limits_{j=1}^{n} s_j = 1$ 时，最大隶属原则最有效；当 $\max\limits_{0<j<n} s_j = c$、$\sum\limits_{j=1}^{n} s_j = nc$ 时，最大隶属原则完成失效；当 $\max\limits_{0<j<n} s_j$ 越大（相对于 $\sum\limits_{j=1}^{n} s_j$ 而言），最大隶属原则也越有效。由此可认为，最大隶属原则的有效性与 $\max\limits_{0<j<n} s_j$ 在 $\sum\limits_{j=1}^{n} s_j$ 的比例有关，于是令：

$$\beta = \frac{\max\limits_{0<j<n} s_j}{\sum\limits_{j=1}^{n} s_j} \quad (4-4)$$

$$\gamma = \frac{\sec\limits_{0<j<n} s_j}{\sum\limits_{j=1}^{n} s_j} \quad (4-5)$$

有：

$$\alpha = \frac{n\beta - 1}{2\gamma(n-1)} \quad (4-6)$$

当 $\alpha = +\infty$ 时，可以认定施行最大隶属原则完全有效；当 $1 \leq \alpha < +\infty$ 时，可以认为施行最大隶属原则非常有效；当 $\frac{1}{2} \leq \alpha < 1$ 时，可以认为施行最大隶属原则比较有效；当 $0 < \alpha < \frac{1}{2}$ 时，可以认为施行最大隶属原则是低效的；当 $\alpha = 0$ 时，

---

① 陈耀辉，孙春燕. 模糊综合评判法中的最大隶属原则有效度 [J]. 重庆师范学院学报（自然科学版），2001（1）：45-47

可以认为最大隶属原则完全无效。

通过对 α 取值的判断，不仅可以判断所得 s_j 可否用最大隶属原则确定所属等级，而且可以说明施行最大隶属原则判别后的相对置信程度，即有多大把握认为被评对象属于某个等级。

当最大隶属原则低效或完全无效时（即 $0 \leqslant \alpha < \frac{1}{2}$ 时），为了更好地描述评价结果所属等级，则需要进行评价结果的单值化处理，就是给各等级赋以分值，然后用最终评价向量中对应的隶属度将分值加权平均得到一个点值[①]。赋值的原则是给各个等级依次间距相等的分值，在本书中，当出现最大隶属度低效或完全无效时，对各等级的赋值分别为：$v_1 = 5$，$v_2 = 4$，$v_3 = 3$，$v_4 = 2$，$v_5 = 1$，则有单值化计算公式：

$$S = 5 \times s_1 + 4 \times s_2 + 3 \times s_3 + 2 \times s_4 + s_5 \tag{4-7}$$

将 S 的值按表 4-21 所设置的对应关系进行判断，从而提出评价结果。

表 4-21　S 的计算结果与等级的对应关系

项目	对应关系				
S 的取值范围	(4-5]	(3-4]	(2-3]	(1-2]	[0-1]
对应的等级	很强	较强	一般	较弱	弱

当然，要对众多评价对象的最终评价结果进行排序，也可以按式（4-7）来计算，按各个评价对象 S 值的大小进行排序。

[①] 陈守煜. 系统模糊决策理论与应用 [M]. 大连：大连理工大学出版社，1994：179-198

第 5 章

高校哲学社会科学创新能力评价的利益相关者分析

众所周知，我国的大部分高校都是公立性质的，这也就决定了多数高校是属于非营利的公共部门，其组织获得的利润不能在组织成员中分配，没有人能够获得组织的剩余利润，这个特征从根本上决定了大学不单单为其所有人控制，而只能由利益相关者共同控制。同时应该看到高校开展哲学社会科学研究活动需要大量的人财物等科研资源的支持，而高校哲学社会科学创新能力评价活动直接或间接地影响着科研资源及各种相关利益的分配，从这个层面来讲，高校哲学社会科学创新能力评价中利益相关者与企业的利益相关者具有一定的共性，即逐利性。因此，下文将利益相关者理论开创性地引入非营利为目的的高校中，利用利益相关者相关理论对高校哲学社会科学创新能力评价中的利益相关者进行识别、分类及相关关系的分析。

5.1 利益相关者的概念

"利益相关者"理论是伴随着质疑和挑战传统"股东至上主义"治理模式而产生的,"利益相关者"这一词最早被提出可以追溯到1927年,通用电气公司一位经理的就职演说中首次提出公司应该为利益相关者服务的思想。进入20世纪60年代以来,首先由斯坦福研究院首次提出定义,之后得到管理学、企业伦理学、法学和社会学等众多领域学者的共同关注和认可,特别是到了20世纪80年代,利益相关者理论逐渐占主导地位,为广大企业管理人员所接受,并促进了企业管理理念和管理方式的转变。在此后的30余年间,众多学者对"利益相关者"的概念进行了界定,并在理论研究和实证研究方面取得很大发展。其中克拉克森认为:"利益相关者在企业中投入了一些实物资本、人力资本、财务资本或一些有价值的东西,并由此而承担了某些形式的风险;或者说,他们因企业活动而承受风险[1]。"另外弗里曼在《战略管理:一种利益相关者的方法》一书中指出,利益相关者是"能够影响一个组织目标的实现,或者受到一个组织实现其目标过程影响的所有个体和群体[2]",这个定义扩展了利益相关者的内涵和外延,同时也具有很好的通用性和移植性,因此得到国内外很多相关专家学者的认可。我国相关学者综合了上述的几种观点,认为"利益相关者是指那些在企业的生产活动中进行了一定的专用性投资,并承担了一定风险的个体和群体,其活动能够影响或者改变企业的目标,或者受到企业实现其目标过程的影响[3]"。总的来说,利益相关者理论的核心观点是:任何一个企业都有许多利益相关者,如投资者、管理人员、供应商、分销商、员工、顾客、政府部门、社区等,他们都对公司进行了专用性投资并承担由此所带来的风险,企业的生存和发展取决于它能否有效地处理与各种利益相关者的关系,而股东只是其中之一罢了[4]。我们可以通过基于投入产出运作的企业利益相关者模型图,更加直接地反映出企业众多利益相关者之间的关系,如图5-1所示。

---

[1] 张晓. 利益相关者综述 [J]. 经济研究导刊, 2009 (2): 10-11
[2] Freeman. Strategic Management: A Stakeholder Approach. Boston: Pitman Publishing, 1984
[3] 陈宏辉. 利益相关者利益要求:理论与实证研究 [M]. 北京:经济科学出版社, 2000
[4] 张宏志. 利益相关者间的谈判与企业治理结构 [J]. 经济研究, 2002 (6): 55-56

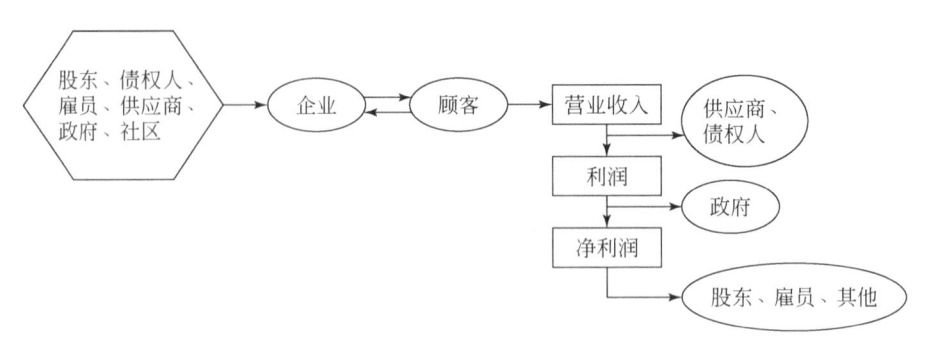

图 5-1　基于投入产出运作的企业利益相关者模型

5.2 利益相关者的分类

  利益相关者理论除了对于利益相关者的界定外，对于利益相关者的分类也是其重要的组成部分。因为简单地将所有的利益相关者看成一个整体来进行实证研究与应用推广，可能会把具有极不相同目标和要求的群体混为一谈，几乎无法得出令人信服的结论[1]。对于众多的利益相关者，企业如果不对其分门别类进行管理，那么将严重影响企业的生产经营效益。因为对于不同性质的企业来说，由于其生产经营规模不同，不同的利益相关者对于企业经营管理的影响程度以及被企业活动影响的程度是不相同的，同一种利益相关者在企业的不同发展阶段其某一特性也在发生着不同程度的变化。因此对于利益相关者的划分就显得格外重要，当前国际国内对于利益相关者的划分普遍认可和使用的是多锥细分法和米切尔平分法，其他的划分方法一般是在这两种基础之上的变种。多锥细分法的代表人物主要有 Freeman、Frederick、Wheeler、Charkham 等。Freeman 根据利益相关者拥有的资源不同，把企业利益相关者细分为三种不同类型：持有企业股票的群体、与企业有经济往来的群体、与企业在社会利益上相关的群体[2]。Frederick 依据不同利益相关者对企业产生影响的方式将企业利益相关者分为直接利益相关者和间接利益相关者，其中直接利益相关者指的是直接与企业发生市场交易关系，而间接的利益相关者是与企业发生非市场关

---

  [1]　多纳德逊，邓非. 有约束力的关系：对企业伦理学的一种社会契约论的研究 [M]. 赵月瑟，译. 上海：上海社会科学院出版社，2001

  [2]　Freeman. Strategic Management：A Stakeholder Approach. Boston：Pitman Publishing. 1984

系。Wheeler 特别强调利益相关群体的社会性和直接参与性两个角度对利益相关者进行了相对全面细致的划分,包括主要的社会性利益相关者、次要的社会利益相关者、主要的非社会利益相关者、次要的非社会利益相关者[①]。而 Charkham 按照利益相关者是否与企业存在合同关系,将利益相关者分为契约型利益相关者和公众型利益相关者两种[②]。国内的代表人物有万建华和李心合,分别从企业利益相关者合作性和威胁性两个维度对利益相关者进行了分类,把企业利益相关者划分出四种主要类型,包括支持型利益相关者、边缘型利益相关者、不支持型利益相关者和混合型利益相关者[③]。另外,由美国学者 Mitchell 和 Wood 提出来的米切尔划分法,它首次将利益相关者的界定与分类结合起来进行相关研究。认为企业的利益相关者最少应该具备合法性、权利性和紧迫性三个属性之一,依据利益相关者所具有三种属性的实际情况,一般可将其分为三种类型:确定型利益相关者、预期型利益相关者和潜在型利益相关者[④]。国内对于米切尔划分法研究代表者有陈宏辉,他从利益相关者的主动性、重要性和紧急性三个方面,将利益相关者分为核心利益相关者、蛰伏利益相关者和边缘利益相关者三种类型[⑤]。

5.3
高校哲学社会科学创新能力评价利益相关者的界定

在借鉴弗里曼"利益相关者"定义的基础上,笔者将高校哲学社会科学创新能力评价的利益相关者界定为"在高校哲学社会科学创新能力评价工作中能够影响评价目标的实现,或者受到评价工作过程和结果影响的个体和组织"。高校哲学社会科学创新能力表现为哲学社会科学创新投入能力、哲学社会科学创新运行能力、哲学社会科学创新产出能力,其中,高校哲学社会科学创新投入能力表现为科研队伍、科研经费、科研设施;高校哲学社会科学创新运行能力表现为社会支持、管理机制、组织文化;高校哲学社会科学创新产出能力表现为科研产

[①] Wheeler D. and Maria S. Including the Stakeholders: The Business Cade [J]. Long Range Planning, 1998 (2): 201-210

[②] Charkham. Corporate governance: Lessons from abroad [J]. European Business Journal, 1992 (2): 131-154

[③] 万建华. 利益相关者管理 [M]. 深圳:海天出版社,1998

[④] Mitchell, Wood. Toward a Theory of Stakeholder Identification and Salience: Defining the Principle of Who and What Really Counts [J]. Academy of Management Review, 1997 (4): 853-886

[⑤] 陈宏辉,贾生华. 企业利益相关者三维分类的实证分析 [J]. 经济研究,2004 (4): 85-90

出、学科建设、社会贡献。高校哲学社会科学创新能力的三个维度，实质上涉及的利益主体众多，不仅仅是高校或高校科研人员，还有其他利益主体，如科研管理部门、社会众多等。

根据本书提出的高校哲学社会科学创新能力评价利益相关者的定义，那些能够影响评价目标的实现，或者受到评价过程和结果影响的人都可以成为高校哲学社会科学创新能力评价的利益相关者。一般来说，在整个高校哲学社会科学创新能力评价的过程中会牵涉到科研管理者、评价者、被评价者、成果运用者、成果受用者、社会受众等多方利益，同时各个利益相关者之间存在着错综复杂的利益关系。笔者认为，这种利益关系是高校哲学社会科学创新能力评价机制（包括评价目的、评价标准、评价方法、评价程序和评价监督等）在长期运行过程当中逐渐形成的产物，由于不同的利益相关者的利益出发点不一致、拥有的信息不对称、权利和责任不对等原因，会导致各自的利益诉求存在很大的差异性[1]。

界定出了利益相关者之后，并不意味着就把握了利益相关者的所有特性，还需要对利益相关者进行分类研究，这样才能发挥出利益相关者理论的最大效益。虽然高校哲学社会科学创新能力评价的利益相关者与企业利益相关者具有很大程度的共性，但是在利益相关者分类研究中仍然要注意非营利性高校的科研活动与营利性企业的经营性活动之间的区别。根据科研成果评价所涉及的对象以及成果影响的范围，首先可将高校哲学社会科学创新能力评价中利益相关者归纳为高校科研管理部门、书刊编辑出版机构、国家科教管理部门、学术共同体、专门的评价中介机构、高校教学科研人员、科研项目出资者、科研成果运用者、科研成果受用者、社会受众等方面。

综合分析和借鉴国内外相关利益相关者的分类理论，同时结合我国高校哲学社会科学创新能力评价的自身情况和特点，本书将依据高校哲学社会科学创新能力评价中利益相关者对评价的影响程度以及受评价结果影响的程度，将高校哲学社会科学创新能力评价中的利益相关者划分为三种等级类型：首要利益相关者、次要利益相关者和边缘利益相关者，如表5-1所示。首要利益相关者包括评价者（高校科研管理部门、国家科研管理部门、书刊出版机构、学术共同体、专门的评价中介机构和科研项目出资者）、被评价者（高校教学科研人员、高校在读硕博研究生、高校各院系所单位）；次要利益相关者包括科研成果应用者和科研成果受用者；边缘利益相关者主要指社会受众。

---

[1] 谭春辉. 高校人文社会科学研究成果评价机理研究：基于利益相关者的视角 [J]. 社会科学管理评论, 2013 (2)：17-18

表 5-1　高校哲学社会科学创新能力评价的利益相关者分类表

项目	具体类别	
首要利益相关者	评价者	高校科研管理部门
		书刊出版机构
		学术共同体
		专门的评价中介机构
		国家科研管理部门
		科研项目出资者
	被评价者	高校教学科研人员
		高校在读硕博研究生
		高校各院系所单位
次要利益相关者	科研成果应用者	
	科研成果受用者	
边缘利益相关者	社会受众	

5.4 高校哲学社会科学创新能力评价利益相关者的利益诉求

5.4.1　高校哲学社会科学创新能力评价中的首要利益相关者

1. 评价者

1) 高校科研管理部门

哲学社会学科广泛分布于我国普通高等教育体系当中，因此，对哲学社会科学创新能力的评价就不可避免地成为高校科研管理部门工作的重要组成部分。就我国目前情况而言，高校哲学社会科学科研管理工作主要由专门成立的社科处或者由科研处下属的社科部负责，作为高校的行政管理部门，其在哲学社会科学创新能力评价中的利益诉求主要集中在评价效益上。就高校科研管理部门自身职能来说，要代表学校的整体科研利益从事科研管理工作，主要根据本校所设学科和办学定位，通过评价的导向和激励功能，促进高校教师和科研人员加强哲学社会科学研究，以获取更多哲学社会科学项目和成果奖，引导其不断提高社科成果的发表量和引用率，使学术成果在全国范围内或同类高校的排名中取得比较靠前的位置，以实现提高相应学科的学术地位和本校整体的社会知名度的目标[①]。另外，高校各级科研管理部门及其管理人员从自身利益出发，想通过各种途径和方法实现各自在评价中的效益最大化，即付出最少的时间和精力成本，应付校方规定的哲学社会科学创新能力评价任务。一般出于管理的便利性和评价的可操作性，对哲学社会科学创新能力评价采取以科研成果来衡量的方式，通过设定一些间接评价指标，如发表刊物（或出版社）等级、被引用次数、被转载情况、获奖等级、被采纳的相关部门行政级别等，采取简单罗列累加的方法计算每项成果得分，然后依据最终得分对科研人员作出科研考核和奖励等级评定。从上述过程中，我们可以看出当前高校科研管理部门对于哲学社会科学创新能力的评价大多采取简单易行的"二次评价"，即间接指标定量统计，而真正对哲学社会科学创新能力进行原始价值界定的寥寥无几。究其原因，不外乎利益问题，因为评价结果好坏与科研管理人员没有直接利益关系，其必然不愿耗费本部门巨大的人力、物力、财力去组织专家学者进行科研成果实质性、原始性的评价，而把这一工作推给书刊编辑、学术同行、专业的学术中介评价机构、社会受众等，最后，不论前者的评价结果准确与否、适用与否，只需奉行"拿来主义"，草草了事即可。

2）学术共同体

学术共同体是什么？就是志同道合的学者，遵守共同的道德规范，相互尊重、相互联系、相互影响，推动学术的发展，从而形成的群体[②]。狭义上的高校学术共同体一般是由在本学科领域具有一定权威性的专家组成，如高校的学术指导委员会、教授委员会或校外聘请专家委员会等，最常见就是很多高校实行的硕博研究生毕业论文校际之间的专家盲审制度，在国内众多高校中首先筛选来自不同领域内的优秀专家学者建立"专家库"，需要对论文进行评审时，由研究生管理部门在库中随机选择数名专家组成盲审团，评价与被评价双方处于"双盲"状态，这也在一定程度上扭转了当前关系、人情式的论文评审和走过场式的论文答辩。而广义上的高校学术共同体指的是广大学界同行，这一群体与狭义上的专家团体不同，他们不直接对科研成果进行审议、评定，也没有权利决定成果准入和获奖等级，只能通过间接的引用方式对科研成果进行评价。

《教育部关于进一步改进高等学校哲学社会科学研究评价的意见》（教社科 [2011] 4 号）中提出："充分发挥教育部社会科学委员会、高等学校学术委员会以及有关学会、协会等学术组织的作用，加强评价理论和政策研究，提高评价工

[①] 徐元俊，钟昌振. 对高校社会科学成果评价主体与动机的探讨 [J]. 湖北广播电视大学学报，2012，32（8）：122-123

[②] 韩启德. 学术共同体当承担学术评价重任 [N]. 光明日报，2009-10-29

作的科学化水平。"高校学术共同体虽然是非营利的学术组织,但其亦有自身的利益诉求。针对高校哲学社会科学创新能力评价来说,高校各级各类学术共同体最根本的利益要求就是实现学术科研评价的独立性,减少各种行政干预。例如,当前在政府科研经费资助和项目管理上,高校行政官员的权力过大,往往直接指定和左右评审专家,使评审的科学性、公正性得不到保证;在人才评价和科技成果、资助项目评定上,同行评议形同虚设,常常简单地把论文发表数量、发表刊物等级、获奖等级、引用率等量化指标作为唯一标准,完全没有发挥同行专家在科研评价中的主体作用;在科研奖励上,由于大多数高校学术共同体缺乏对科研资源最终配置的权利,造成当前高校中广泛存在的重行政奖励,轻学术共同体奖励,"外行评内行"的情况比比皆是。由于存在上述这些问题,高校哲学社会科学创新能力评价中学术共同体的利益诉求得不到充分满足,所以造成我国哲学社会科学创新能力评价缺乏公平公正性,科研资源配置不尽合理,科技经费使用的效率不高,而且助长了一些学术腐败现象,大大挫伤了广大基层科研工作者的创新热情和创造活力。

3) 专门的学术评价中介机构

《教育部关于大力提高高等学校哲学社会科学研究质量的意见》中,特别指出要建立鼓励高质量研究成果的评价体系,鼓励建立民间中介性学术评价机构,维护评审机构的独立性和权威性。高校哲学社会科学创新能力的评价应该属于高等教育评价的重要组成部分,因此,这里首先介绍一下国内外高等教育评价中介机构的发展情况。现有高等教育评价中介机构大致可以分为两种类型:半官方的中介评价机构和民间型的中介评价机构。半官方中介评价机构一般由政府部门牵头设立,政府向中介机构提供日常经营维持费用和相关资助,并委托其开展教育和科研评估活动,但该类中介机构并不是政府的行政职能部门,其评价活动具有很高的自主权,如法国的"国家评估委员会"、荷兰的"大学合作委员会"、英国的"高等教育基金委员会"及我国香港的"香港学术评审局"均属半官方的教育中介评价机构[1]。民间的中介评价机构,一般是独立于政府和高校而存在,它一般对各大高校的教育质量和办学水平进行相关评价,作为社会大众了解和选择高校的信息窗口,在美国这一类评价机构已经广泛存在和被社会认可。这类机构的经费基本来自于被评价的高校和有关协会资助,由于未受到政府部门的资助,所以很少受到政府部门的干预。

在我国,针对哲学社会科学创新能力评价的专门中介机构,一般都是依托高校或官方的文献情报机构而存在,依据本书的分类标准应该属于半官方型的中介

---

[1] 刘杰梅,王华. 高等教育评价中介机构探析 [J]. 高等教育研究, 2005 (13): 103-104

评价机构，具有一定的学术和社会影响力的有南京大学社会科学评价研究中心、中国社会科学院文献计量与科学评价研究中心、武汉大学中国科学评价研究中心、清华同方知网技术有限公司等机构。这些评价机构的共同特征是采用文献计量学理论和方法针对评价对象进行统计分析，导致其评价结果具有很大的局限性，同时由于其半官方的性质，还易受政府行政干预。

通过上述分析可知，我国目前仍然缺少具有较大影响力的民间型科研成果评价中介机构，仅存的几家仍以半官方类型为主，市场化、社会化水平较低，很难满足我国人文社会科学科研快速发展的需求。综合来看，笔者认为当前高校哲学社会科学创新能力评价中介机构的利益诉求主要集中在获取官方经费和提高自身社会影响力上面：一方面需要接受政府的评价委托任务，只有最大限度地满足政府对评价结果的要求，才能获得充足的经费维持其自身生存；另一方面，需要不断提高其评价结果的社会公信力，赢得广泛的信任和支持，才能拓展其经费来源，逐步实现其社会化和市场化经营。

4）书刊出版机构

无论是获得学位、评定职称，还是申报"项目""课题"，参加科研成果评奖，都要求在一定年限内在单位规定的一定级别的出版社、刊物上出版若干部学术专著、发表若干篇学术论文，论文已成为当前科研成果的"代名词"，对于以基础理论研究为主的人文社会科学科研成果更是如此，所以学术书刊编辑机构就成为高校哲学社会科学创新能力评价中重要的利益相关者。

就学术期刊来说，大体分为国家期刊和地方期刊，国家新闻出版总署首先对期刊作出了比较权威和官方的评价，选出几大优秀期刊方阵：高知名度和高学术水平期刊（双高期刊）、国家期刊奖和国家期刊提名奖期刊（双奖期刊）、百种重点社科期刊和百种重点科技期刊（双百期刊）、社会效益和经济效益好的期刊（双效期刊）。

另外，各大专业的学术期刊评价机构也会评出各个学科专业的核心期刊，比较有代表性的有北京大学的《中文核心期刊要目总览》，专门针对哲学社会科学的有南京大学中国社会科学研究评价中心的《中国社会科学引文索引》（CSSCI）和中国社会科学院的《中国人文社会科学核心期刊要览》；还有各高校和科研院所为了进行科研考核、成果奖励、职称评定、学位授予，借以量化评价专业人员的论文水平和学术能力，都制定了自己的学术期刊评价标准，用于单位内部使用，如《南京大学文科学术期刊榜》《华中科技大学权威期刊目录》《中国人民大学核心期刊》等①。

由于我国对学术书刊出版的管理实行的是审批制和等级制，造成学术产品的出版权、发表权垄断在少数经行政部门审批成立并归其主管的书刊出版单位，同时，国内绝大多数出版机构实行的是专职编辑人员审稿制，即使声称实行匿名审稿制的期刊也大都有名无实，这就使得学术产品的出版、发表实际上掌握在专职编辑人员之手。

因此，高校哲学社会科学创新能力评价中书刊出版机构的利益诉求主要是保证或获得书刊出版第一方阵的学术地位，进而吸引更多的优秀科研成果在其出版物上出版或发表。高级别的出版社和学术期刊能够汇集大量的优秀论文或著作，不仅可以通过提高出版物发行量来获取较高的经济效益，又可以增加出版物的影响因子或学术知名度，这样就能使该书刊出版机构在后续的官方或专业评价机构排名中获得靠前的学术排名。然而，众多作为科研成果的学术著作或论文，在出版或发表过程当中与各种学术腐败问题存在密切的联系。例如，出版社只要有出版赞助，能保证其一定的利润，就可以不断推出换皮不换心的高校教材；学术刊物编辑人员则利用其职权之便，大量刊发低水平的关系稿、人情稿，为了在国家级出版社出版著作、在国家级核心期刊发表论文，进行"学钱交易"；期刊出版社为了简化评审过程，降低评审成本，私自取消专家匿名评审环节等问题，究其原因，无不是哲学社会科学创新能力评价中各个利益相关者为了追求个人利益最大化，肆意违背学术道德，破坏高校哲学社会科学创新能力评价的公平公正性。

5）国家科研管理部门

针对哲学社会科学来说，我国主要有全国哲学社会科学规划办公室和教育部社会科学司两大科研管理机构，主要关心哲学社会科学创新能力对国家政策的贡献、研究投入产出的效益以及科研成果转化推广等问题。

一方面，随着科学技术社会经济的迅速发展，不管是自然科学还是哲学社会科学，其科研经费总量总体呈快速增长趋势，社会各界希望高校在消耗了大量的公共财政资源后，能证明高校的哲学社会科学的科研活动及所表征出的创新能力对国家的政治、经济、文化、社会管理等方面所起的实际作用。

另一方面，国家科研管理部门需要通过对哲学社会科学创新能力的评价了解不同学科领域的研究状况和发展水平，为制定全国高校哲学社会科学研究发展规划、课题指南，对哲学社会科学科研经费资源管理和配置提供现实依据。

---

① 俞立平，潘云涛，武夷山. 学术期刊评价中不同利益主体关系研究. 科技政策与管理 [J]，2009 (5)：45-46

总的来说，国家科研管理部门作为国家利益的代表者，它的利益诉求落脚点始终是促进国家哲学社会科学的持久繁荣发展，引导高校哲学社会科学创新能力为国家解决政治、经济、文化、社会管理等方面的现实问题提供理论和操作层面的决策支持，同时满足广大人民群众日益增长的物质文化精神需求。

6）科研项目经费出资者

不管是中国还是西方发达资本主义国家，教育经费都是政府最主要的财政支出之一，所以政府理所应当的是高校科研经费的最直接、最主要的提供者，除此之外，随着社会经济的不断发展，高校与各级企事业单位的联系不断加强，出现许多校企合作及产学研结合的研究基地、机构，还有很多社会捐赠、个人资助等科研经费来源，这就使高校哲学社会科学科研经费提供者出现多元化趋势，相应的哲学社会科学创新能力评价主体也改变了过去的单一化的情况，有更多的利益相关者直接参与或关注一系列的哲学社会科学创新能力评价活动。

在哲学社会科学创新能力评价中科研经费提供者一般会充当评价的委托方，把哲学社会科学创新能力评价任务交由专门的评价中介机构、学术协会或高校的评价机构负责，以此来保证哲学社会科学创新能力能满足自身的要求。科研经费提供者直接作用对象是高校的科研人员，客观上，科研经费越多就越有利于高校各项事业的发展，特别是科研活动更是离不开大量资金的支持，有了充裕的资金就可以为科研人员创造更好的研究环境，提供优越的工作生活条件，进而最大限度地调动科研人员的工作积极性，不断促进其创造优秀的科研成果，提升哲学社会科学创新能力，使科研人员和科研经费提供者都能够实现自身利益的最大化[1]。

2. 被评价者

笔者这里提出的高校哲学社会科学创新能力评价利益相关者中的被评价者包括三大主体对象：教师或专职科研人员、高校各院系所和硕博士研究生，不同的被评价者利益诉求也会存在很大的差异。

1）高校科研工作者

高校中的科研工作者主要由教师、专职科研人员以及兼职的专家教授等部分组成，其自身的利益诉求可以分为眼前利益和长远利益，眼前利益主要指当前各种项目基金的申请、职称的晋升、奖励荣誉的获得等，长远利益是指通过大量优秀学术著作论文的出版发表，保证自身能够获得持续不断的发展，不断巩固和提高自身的学术地位，赢得广泛的社会声誉，这也刚好符合现实中人们物质利益的追求和精神文化的追求，科研工作者的精神文化追求主要表现在通过自身的学术

---

[1] 张燚. 高校利益相关者理论的研究现状及趋势 [J]. 高教发展与评估，2009 (6)：16-20

成就获得学术同行的广泛认可，获得较高的学术地位，达到自我价值的实现。

在我国目前的学术背景下，科研工作者投入大量时间和精力完成的学术著作和科研论文，在出版和发表时不仅得不到相应的稿费报酬，而且还要支付高昂的版面费。对于这一现象，表面看似不合实际，实际上是广大科研工作者的长期科研投资行为，最终可以在项目科研经费、职称晋级、科研奖励中获得丰厚的利益回报，而且足以弥补科研人员在创作发表科研成果中付出的各种经济成本。因此，从整体上讲，目前多数科研工作者在哲学社会科学创新能力评价中首先关心的不是如何真正提高学术水平，取得优质的创新性学术成果，而是在意如何通过达到评价中的各种标准，甚至依据评价规则而量身定做自己的科研成果，绝对不会从事任何无利可图的科研活动，关心的只是研究成果的数量和"级别"，怎样通过非学术手段获取科研成果，以在哲学社会科学创新能力评价中实现自身经济利益最大化。

2）高校在读硕博研究生

在读的硕士和博士研究生是当前高校各个科研团队不可或缺的组成部分，承担着很大一部分科研任务工作，科研成果的完成情况不仅关系着自身毕业学位申请，还很大程度上影响着其毕业后的就业情况，尤其是进入高校和科研院所工作的学生，其在校期间的科研成果，对于日后工作岗位中的科研项目申请、职称晋升和科研奖励有着重要影响。究其原因就在于，部分专家教授利用自身主持和参与职称评定、课题立项、成果鉴定、奖励的审定等工作的评审权，大兴"门户之见、亲疏之分"评审，导致众多在读硕博研究生不得不主动把自己在校期间的科研劳动成果归于其导师名下，保证其按时获得学位和日后学术工作道路的顺利发展。这也就造就了一大批正当、合法的"空头学术主持人"，学生和导师双方各取所需，使"师生型科研团队"长期存在，并最终固化为大大小小盘根错节的学术科研活动利益集团，严重影响哲学社会科学创新能力评价机制公平公正合理地运行。所以，本书将在读硕士及博士研究生也作为高校哲学社会科学创新能力评价中单独的一类利益相关者进行分析。

3）高校各院系所单位

高校各院系所机构具有双重身份，既是评价者，又是被评价者，其评价者的身份主要是针对本单位内部的科研工作者，其被评价者的身份是相对于学校整体层面来说的。一般情况下，高校的科研部门不直接对科研工作者个体进行考核评价，仅以院系整体为评价单位下达各项考核指标，然后各个院系主管科研的部门领导依据学校下达的整体科研指标，结合教师及科研人员的实际情况进行二次分配，具体落实到每一位科研人员身上，以保质保量地完成学校分配的科研任务。

院系和校级科研机构作为哲学社会科学创新能力评价中的利益相关者，从集体利益角度看，取得较好哲学社会科学创新能力评价结果，一方面可以满足校方的年终科研考核，获得较多的科研资金奖励，另一方面，可以为本单位进一步获得更高层次的学术地位奠定一定的基础，如重点学科、重点研究基地、科研项目、科研基金等；从个人利益角度看，取得较好的哲学社会科学创新能力评价结果，不仅可以作为单位领导者个人升迁的重要政绩，还可以给本单位每个科研工作者带来方方面面的实惠。

5.4.2 高校哲学社会科学创新能力评价中的次要利益相关者

1）成果应用者

作为高校哲学社会科学创新能力表征之一的科研成果是一种潜在生产力，对社会和经济的发展具有重要意义。科研成果应用指掌握在少数人手中的成果为多数人所接受和运用，扩大成果所起作用的范围，提高科研成果社会化水平，发挥科研成果的社会经济效益。我国高校科研活动经费一般都是来自于各级政府部门的资助，高校科研成果也相应具有部分公益产品性质，其科研成果的主要应用者不仅包括各级政府部门和企事业单位，还包括各类科研经费资助者。对于高校哲学社会科学研成果来说，主要可以应用于提高社会和经济的管理水平，促进国家文化艺术领域的繁荣发展，为国家各项事业的科学发展提供决策支持等方面。

例如，针对各种社会现象和问题的调查报告，针对经济金融领域的各种调控方法，针对教育问题的各类教学模型和方法，针对组织管理决策的管理系统等各种类型的哲学社会科学科研成果，其成果应用者最终关心的是成果能够带来实实在在的经济和社会效益。科研成果实际应用效益的大小，很大程度上取决于成果质量的高低，而高质量的成果最终是由公平公正合理的科研成果评价机制来保障的，所以，科研成果应用者的利益诉求与高校哲学社会科学创新能力评价的目的具有潜在的一致性和利益相关性。

2）成果受用者

高校哲学社会科学科研成果受用者是指科研成果最终的作用对象，该对象既可以是个体，也可以是整体。例如，一个社会科学项目研究的成果或研究报告，被政府宏观决策所采用，那么该成果的受用者就是社会大众整体，如果被高校科研管理部门所采用，成果受用者就是教师和学生个体[①]。

成果受用者主要关心科研成果应用前后自身利益的变化，即自身既得利益是否会被损害，是否能够获得潜在利益等。成果受用者虽然作为被动接受的一方，

---

① 徐元俊，钟昌振. 对高校社会科学成果评价主体与动机的探讨 [J]. 湖北广播电视大学学报，2012（8）：122

但是其利益诉求得到满足的程度和情况恰恰反映了哲学社会科学科研成果价值的大小和质量的好坏。同时成果受用者的覆盖范围越广，说明哲学社会科学科研成果越具有普遍的社会指导意义。如南京大学社会科学研究评价中心研制的"CSSCI"引文索引，被政府科研管理机构、高校科研管理部门及科研工作者各方利益相关者认可并采用，这足以说明该项哲学社会科学科研成果很好地满足了各方利益诉求，产生了良好的社会效益。所以，哲学社会科学科研成果受用者不仅是哲学社会科学创新能力评价中的利益相关者，而且还可以作为检验哲学社会科学创新能力评价质量和效果的重要依据。

5.4.3 高校哲学社会科学创新能力评价中的边缘利益相关者

社会公众应该属于高校哲学社会科学研究系统之外的群体，他们不受评价结果的直接影响，而且与评价的主客体没有直接的利益关系，这就决定了他们对研究成果评价具有更高的客观性。因为任何科学研究活动都具有社会性，哲学社会科学研究更是如此，好的社会科学研究成果应该是既科学又社会的，公开发表或出版的论著能广泛影响到广大社会公众的思想意识与价值观，所以对于哲学社会科学创新能力的评价也应该是普遍的、民主的和广泛参与的评价，理所应当地要受到社会公众的监督[①]。

目前我国高校哲学社会科学创新能力评价仍以官方或学术界主导，社会公众在评价中几乎鲜有话语权和影响力，导致社会公众参与程度普遍不高，大多数社会公众只是作为外围评价者参与高校哲学社会科学创新能力评价，对评价结果的影响微乎其微。既然社会公众作为国家纳税人为科研活动提供经费支持，同时又作为一切哲学社会科学创新能力最终的受用者，就理应成为评价中的重要评价主体，在评价决策中拥有一席之地。

另外，哲学社会科学创新能力与科技创新能力之间有很大的差异，其影响人们的思维方式和价值观需要一个过程，所以让社会公众广泛参与到哲学社会科学创新能力评价中，可以使社会公众提前了解成果的相关内容以及产生的影响，这样的哲学社会科学创新能力才容易被社会公众所认同和接受。

总的来说，社会公众的社会纳税人和成果最终受用者的身份，就必然决定了其与高校科研工作存在着很强的社会联系，而高校自身通过获得经费支持，产出的一大批价值含量高的科研成果，不断促进着经济、社会的发展和进步，进而保护和增加社会公众的利益。

---

① 任全娥. 人文社会科学研究成果评价主体研究 [J]. 社会科学管理与评论，2009（2）：45-46

第 6 章

高校哲学社会科学创新能力评价机制内涵分析

对于任何性质的评价工作来说,"公平、公开、公正"都是其必须坚持的首要指导原则,只有做到评价双方之间信息沟通充分,保证评价主体各方的地位平等,鼓励评价利益相关者积极有效的参与,同时坚持统一的评价标准、科学的评价程序、透明的评价监督,最终才能使哲学社会科学创新能力结果被利益相关者各方所接受和认可,否则就更不能让所有人信服。然而,现实当中高校哲学社会科学创新能力评价中的利益相关者各自利益出发点有很大差异,完全公平、公正、科学、合理而又得到社会各界认可的评价机制体制尚未真正建立起来,这就使高校哲学社会科学创新能力评价工作中存在许多亟待解决的问题,如唯利是图、重人情拉关系、本位主义、门户之见等,导致原本应该在理想状态下运行的哲学社会科学创新能力评价生态系统不断受到外部利益因素干扰,评价结果的权威性屡屡受到现实的质疑和考验。因此,笔者试图构造出高校哲学社会科学创新能力评价利益相关者关系模型,以求理清高校哲学社会科学创新能力评价中各个利益相关者的相互关系,为建立真正公平、公正、科学、合理的评价机制提供借鉴和参考。

6.1 高校哲学社会科学创新能力评价利益相关者关系模型

高校哲学社会科学创新能力评价中，各个利益相关者都直接或间接地对评价产生不同程度的影响。例如，有人参与了高校哲学社会科学创新能力的提升过程，有人参与了哲学社会科学创新能力的评审过程，有人参与了科研项目的投资，有人参与了科研成果的应用推广，有人受到了科研成果的深刻影响等[①]。

所有的利益相关者都因为哲学社会科学创新能力这一中间节点而产生了诸多利益交集，哲学社会科学创新能力评价不单单是高校学者们的事，评价目标的实现程度，评价结果的好坏，牵动着不同利益相关者群体的神经[②]。所以高校哲学社会科学创新能力评价将变得更加多样化，最终将会走向"利益相关者共同评价机制"，该评价机制的核心在于建立各种利益群体之间的协作合作关系，从而区别于过去高校科研管理部门、学术共同体、评价中介机构、国家科教管理机构、书刊出版机构等各评价主体"各自为政"、互不认可的混乱局面，以及既会因重复评价而浪费大量的人力、财力、物力，又会因多头评价、多头管理而扰乱学术环境。

针对高校哲学社会科学创新能力评价的利益相关者种类繁多，功能特征差异较大的现实情况，如果简单地让所有利益相关者都参与到哲学社会科学创新能力评价全部过程中，将会出现比原来更加糟糕的混乱局面[③]。因此我们需要理清楚各个利益相关者之间的内在关系，确定不同利益相关者的属性和边界，发挥不同利益相关者各自的特点，整合评价各方的资源优势，实现优势互补，资源共享，评价结果互相认可的良好局面。笔者通过构造高校哲学社会科学创新能力评价利益相关者关系模型，如图 6-1 所示，试图更加直观全面地揭示各个利益相关者之间的关系，以及各自在哲学社会科学创新能力评价中所处的位置、所能发挥的功能作用。

图 6-1 中包含本书前面界定出的 3 种类型的利益相关者：首要利益相关者、次要利益相关者和边缘利益相关者。其中首要利益相关者包括评价者和被评价者两个方面，评价者主要有高校科研管理部门、国家科研管理部门、书刊出版机

---

① 张懿，张锐.高校利益相关者管理：一个研究框架[J].科技管理研究，2006（3）：129-131
② 张婕.高等学校战略管理的若干基本问题[J].教育研究，2006（11）：35-40
③ 钟洪，李超玲.基于 AHP 的大学利益相关者权重研究[J].科技管理研究，2007（9）：120-122

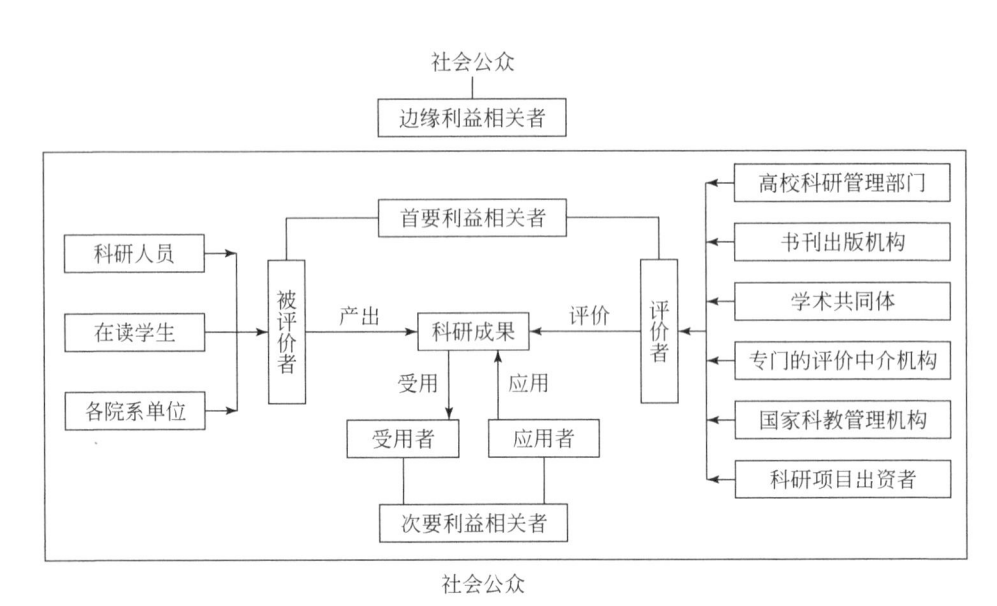

图 6-1　高校哲学社会科学创新能力评价利益相关者的关系模型图

构、学术共同体、专门的评价中介机构和科研项目出资者，被评价者主要有高校教学科研人员、高校在读学生和高校各院系单位；次要利益相关者包括科研成果运用者和科研成果受用者；边缘利益相关者主要指社会公众。

可以看到，首要利益相关者处于最重要的位置，因为它囊括了高校哲学社会科学创新能力的建设者和促进者、评审者，两者之间的关系就如"千里马"与"伯乐"的关系，没有秉持"公平、公正、科学、合理"的评价者，高质量、高价值的科研成果就很难公之于世，实现其价值最大化；而如果没有敢于坚持和追求真理的一线科研工作者，不断地创新和努力，科学发展就会像"无源之水无本之木"而失去活力和动力，再好的"伯乐"也难以发挥作用，总而言之，两者地位同等重要，相辅相成，互为依存。

在被评价者中，高校科员人员为了完成和达到各种年终考核、评奖、职称晋升的条件，获取更多更高层次的科研资源，实现更好的物质经济生活，都离不开各种名目繁多的与哲学社会科学创新能力相关的评价，如校级、市级、省级、国家级的科研考核、评奖、表彰活动，这些物质或精神上的奖励是科研工作者最主要的利益出发点；在读的本科生、硕士生和博士生出于在校奖学金评比、学位申请要求、出国留学深造等利益出发点，与哲学社会科学创新能力评价也紧密联系在了一起。各院系所单位不仅要评价考核本单位员工的科研完成情况，同时也要接受学校科研管理部门的科研考核与评价，这可能涉及学校对院系所的奖励评比、单位领导的职位升迁以及院系相关学科的实力排名等问题。

在评价者中，高校科研管理部门肩负着提升全校哲学社会科学整体创新能力以及各学科专业在全国排名的责任，一般通过科研成果数量、层次、周期等约束性制度和科研奖励、惩处性制度对科研工作者、在校学生、各院系所单位进行相关评价管理活动；书刊出版单位作为高校哲学社会科学研究成果的第一层"把关者"，其评价是采用直接评价的方式针对科研成果内容本身进行的一系列活动，它决定着众多科研工作人员的科研成果能否公开发表，更是一系列评奖、晋升、立项、结项、学位授予等活动的核心参考指标，换句话说，是诸多间接哲学社会科学创新能力评价的主要依据，因此在整个评价生态系统中处于举足轻重的地位。

对于书刊出版单位来说，其利益出发点主要集中在经济利益和社会利益两个方面，通过收取版面费或出版费提高自身经济收益，通过录用高质量论文来提高期刊的被引用次数，同时还会考虑到期刊基金论文比率来提高自身在书刊评价中的名次和地位，促进自身的持续发展；学术共同体一般在期刊论文匿名评审、学术成果评奖以及科研项目立项结项等哲学社会科学创新能力维度评价活动中承担评价主体职能，这一类利益相关者最大的利益诉求是能够避免评价中的"行政干预"，实现评价的独立自主性；评价中介机构一般是指非官方的民间中介性学术评价机构，有以营利为目的的企业，也有以非营利为目的的公益性组织，其最大优势在于专业性和独立性，可以作为官方或企事业单位的代理人对科研成果开展相关评价活动，最终提交评价结果或报告；科研项目出资者不外乎国家出资、企事业单位出资或个人出资三种来源，作为出资人一般最关心科研项目的投入-产出关系，发挥资金的最大化效益，以上六个利益相关者共同构成了高校哲学社会科学创新能力的评价者。

次要利益相关者主要包括科研成果的应用者和科研成果的受用者，之所以被划分为次要利益相关者，是因为他们一般不涉及参与原始哲学社会科学创新能力的初次评价，主要对经过转化后的哲学社会科学创新能力的具体效益进行反馈性的评价，换句话说就是评价后的一系列评价活动，他们的利益出发点集中在涉及自身的经济利益和社会利益，因此其评价内容可以最直接地反应哲学社会科学创新能力的社会经济价值，弥补首要利益相关者中评价者的不足和缺陷。

边缘利益相关者主要是社会大众、舆论媒体等，也是高校哲学社会科学创新能力评价中最大规模的评价群体。有关学者经过调查研究发现，利益关系大小与评价结果的客观性程度成反比例关系，按照这个说法，社会大众与科研成果评价结果的利害关系最小，这就意味着社会大众评价的客观性程度最高，因此我们在高校哲学社会科学创新能力评价中应该大力发挥社会大众自身的优势。对于三大利益相关者群体，以及每个利益相关者群体内部各个部分之间的利益关系，下文中会选取最具代表性的主要利益关系进行深层次的分析。

6.2 哲学社会科学创新能力评价利益相关者间的主要利益关系

6.2.1 被评价者与科研管理部门的利益关系

众多科研工作者或者科研单位的切身利益，多半都与"科研评价"有十分密切的关系，不管是基金、项目、课题的申请，科研著作和研究论文的出版发表，还是职称的晋级，各种奖励的获得，就连在读的硕博研究生学位的获得，无一不与各种类型级别的科研评价活动有千丝万缕的联系，这也是当前高校科研评价备受科研工作者青睐的重要原因。目前在全国各大高校中，科研管理部门为了最大限度地实现自身工作业绩，针对科研人员和院系研究单位设有科研考核指标，一年或三年时间集中考核一次，作为各种奖励和晋级的主要依据。另外，各大高校的研究生院（处）依据自身的办学层次和学科专业特点，对在校硕士研究生和博士研究生学位申请条件作出相关规定，主要包括科研成果的数量和等级要求，如发表几篇 SCI、EI、核心期刊论文等。近些年来，在这种科研管理环境下，我国各领域学术科研论文发表数量呈快速增长的趋势，目前已取代美国成为全球论文第一大国，取得了举世瞩目的成绩。但是随之而来的是科研人员为了完成考核任务，出现一稿多投、文章拆分发表、改头换面重复发表等不良现象，造成我国论文发表量越来越多，而精品力作越来越少。

6.2.2 被评价者与书刊出版机构的利益关系

一般情况下，国内外期刊的水平质量是由稿件作者和书刊评审编辑共同来保证的，但是出版机构作为大多数高校哲学社会科学创新能力的第一层把关者，他们对哲学社会科学创新能力的评价结果直接决定着学术论文能否发表或出版，以及发表和出版的层次，因此在这组利益关系中书刊出版机构处于主动强势地位，而被评价者基本处于被动弱势地位。高质量的学术期刊一般刊载的论文质量比较高，因为质量优秀的文章够吸引更多的读者用户去关注和购买，以此增加学术期刊的发行量。然而学术质量高的期刊上的文章也并不都是高质量的，而不被看好的期刊上面的文章也不都是一无是处的论文，应该具体问题具体分析，不能搞一刀切。另外不同学科中的学术期刊社会受众是有区别的，因此不能一味地用发行量和经济效益来衡量学术期刊的优劣。科研人员对于书刊出版机构的发展至关重要，因为高质量的投稿是高质量的期刊的根本保障。正常情况下，杂志社与科研人员应该是互惠互利的关系，彼此的发展前途相互依赖，科研人员通过提高科研学术水平，多出优秀成果、多出精品；而杂志社应通过良好的来稿服务、快速的审稿周期、公平公正的评审结果吸引更多的优秀稿件，促进自身的持续健康发展。

但是，现实当中一些杂志社为了追求经济利益最大化，另外还有大量的人情稿、关系稿，不看论文质量好坏，唯权势和名声试论，最终种种原因造成评审编辑对论文审查把关不严，垃圾论文大肆泛滥，严重影响了学术质量和污染了学术环境[①]。很多年轻科研人员最初都十分痛恨这种利益链条，但迫于经济生活压力和学术工作双重压力，不得不向种种不合理现象折腰，通过抱"学术大树"、走人情关系途径，以非学术手段提高科研成果发表的数量和层次，这样就可以在哲学社会科学创新能力评价中实现自身社会经济利益的最大化。

6.2.3 被评价者之间的利益关系

高校硕导、博导与自己研究生、博士生之间，既存在着浓厚的师生情谊，也会夹杂着许多不合理的"利益关系"。众所周知，许多重点高校的硕士、博士都有较高的论文发表数量、级别要求，而学生不仅难以承受期刊社高额的版面费，而且没有学术成就和地位的学生，其创作的科研论文不管质量好坏都极难被高层次的期刊所录用，这种现实矛盾就迫使众多学生找导师帮忙，双方之间逐渐形成了"隐性的利益链条"，即学生基本靠独立完成的科研论文，导师竟然为第一作者，学生才为第二作者，然而这种利益关系下，学生不仅不用承担高昂的版面费，而且依托导师的学术圈地位和人情关系，论文很容易被期刊社所录用，导师与学生双方各取所需，"互利共赢"，因此，近些年频频出现的某些教授一年发表几十篇高水平论文的超高产现象就不足为奇了。之所以会出现这类不合理的现象，高校不合理的哲学社会科学创新能力评价制度难辞其咎，通过调研发现，国内多数高校都规定导师与学生共同发表的论文，如果导师为第一作者，学生为第二作者，在学生的各种评比、评奖、考核中仍算是学生的第一作者科研成果，表面上看，学生的眼前利益在这项"潜规则"中并没有什么损失。正是这一不合理的"利益链条"催生出了众多"高产教授""挂名教授"，使许多学术泰斗几

---

① 俞立平，潘云涛，武夷山.学术期刊评价中不同利益主体关系研究[J].科技政策与管理，2009(5)：45-46

乎变成了"学术职业经理人",只负责拉关系、跑项目,项目审批后就成了"甩手掌柜",由自己的学生科研团队负责项目的开展、实施以及论文撰写,自己只需挂名就可坐享其成。这种现象目前在全国高校并不少见,严重违反了学术职业道德和教师职业道德,不断污染着高校学术和科研环境,应尽快采取有效措施,切断不合理的"利益链条"。

6.2.4 书刊出版机构与评价机构及国家或高校主管部门的利益关系

书刊出版机构相对于普通科研工作人员来说处于主动强势的地位,而相对于评价机构、国家或高校主管部门来说,就处于被动地位。除高校的出版社、学报编辑部直接归高校管理,其他书刊出版机构还受到国家各级新闻出版、科技等行政机构、专业领域的学会和协会的管理和监督,另外一些专门的评价机构的评价排名结果也是不可小视的。我国的书刊机构实行国家和地方两个梯队分级管理,分为国家级期刊、省级期刊等,最为权威的期刊评价是 2000 年以来国家新闻出版总署推出的期刊方阵评价,出现了高知名度和高学术水平期刊的"双高期刊"、国家期刊奖和国家期刊提名奖期刊"双奖期刊"、百种重点社科期刊和百种重点科技期刊的"双百期刊"、社会效益和经济效益好的期刊"双效期刊"。除此之外,还有北京大学发布的《中文核心期刊要目总览》、南京大学中国社会科学研究评价中心每年发布的《中国社会科学引文索引》(CSSCI)、中国社会科学院的《中国人文社会科学核心期刊要览》、中国科学技术信息研究所发布的百强期刊。对图书的评价主要从社会效益和经济效益两个方面来衡量,一般以"双效"的量化得分把图书分为不同的等级,也是国家各级评奖的依据,如"五个一"工程奖、中国图书奖、国家图书奖、中国百优出版社等[①]。

总的来说,书刊出版机构与评价机构及国家或高校科研管理部门是处于关系地位不对等的局面,不同评价机构和管理部门所采用的评价方法是不同的,不同评价方法所强调的指标以及指标所占的权重有很大差异,如基金论文比率、引文半衰期、被引次数、被收录情况等。被国内外知名数据库收录,可以大大提高期刊社的领域内知名度,随之而来的还有巨大的社会经济效益,因此,各个书刊出版机构为了进入更高层次的梯队,会竭尽全力去迎合一些评价方法。例如,有的期刊社就明确要求作者所投稿件必须引用其期刊中的几篇文献,基金论文优先录用等不合理的要求。

---

① 邱均平,文庭孝. 评价学:理论、方法、实践[M]. 北京:科学出版社,2005:390-392

6.2.5 科研人员与成果应用者、受用者的利益关系

我国的高等院校大部分都是属于公办性质，其教学、科研、管理、基础设施建设的活动经费一般都是来自于各级政府机构的资助，其中只有少部分来自于社会捐助、企事业单位资助学校自由产业的合法收入等，因此作为高校重要产出之一的科研成果应具有公共产品性质，理应最大限度地用于提高社会和经济的管理水平，促进国家文化艺术领域的繁荣发展，为国家各项事业的科学发展提供决策支持。然而，当前一些科研人员不顾背弃职业操守，利用自身职务权力之便，借用公共科研资源条件行中饱私囊之事，只管申请基金项目不管项目研究，科研项目结项时通过上下活动搞关系，草草结项，即可蒙混过关。这种骗取科研项目资助者的经费，却研究不出有价值的科研成果的行为，实际上就是"学术诈骗"，应该加强评价前后的监督工作，坚决予以制止。同时也应该看到，众多高校哲学社会科学研究成果，如调研报告、咨询报告、管理模式、先进经验等，经常被各级政府部门、企事业单位所采纳或使用，但是成果质量的好坏直接决定着其所能带来的经济和社会效益大小，这也是科研成果应用者最关心的问题，因为其关系着政府部门的社会信誉和工作人员的政绩，关系着企业能否持续健康发展。

另外，成果受用者作为科研成果的"试金石"，他们最关心科研成果应用前后各项政策制度对自身利益得失的影响情况，即自身既得利益是否会被损害，是否会获得新利益，是否加强或削弱既得利益等。成果受用者虽然作为被动接受的一方，但是其利益诉求得到满足的程度和情况，恰恰反映了哲学社会科学科研成果价值的大小和质量的好坏，所以，从长远看最终检验和评价高校哲学社会科学创新能力高低得看成果应用者和受用者的利益满足情况。

6.3 评价中利益相关者的角色重叠与角色转化

利益相关者之间除了以人际关系形式出现的互动关系外，还存在利益相关者自身对高校哲学社会科学创新能力评价中所扮演的多重角色，这是因为评价中的利益相关者在社会中同时拥有多种角色，这种现象可以被称为"角色多重性或角色重叠交集"[1]。特别是在我国特殊的学术环境背景下，高校哲学社会科学创新能力评价

---

[1] 张燚，黄婷. 高校与利益相关者互动发展的关系模式研究 [J]. 江苏高教，2009 (1)：60-61

的众多利益相关者往往是角色模糊，存在很多一人同时担任多种社会角色的现象。

例如，部分高校教师既是科研工作者，又是科研管理者，也就是说这一利益相关者同时具备评价者和被评价者两个身份；还有的科研工作者，同时兼具期刊社编审、学术共同体专家等多重身份，利益相关者这种角色重叠特征，无疑大大增加了哲学社会科学创新能力评价的复杂性。一个人的角色身份越多，其所附带的权利辐射面就越广，各种盘根错节的隐性利益关系就越繁杂，而隐性利益关系正是学术腐败、评价不公和暗箱操作等不端行为的根源。因此，目前看似公平公开公正的高校哲学社会科学创新能力评价机制在实践过程中频发的"失灵"现象就不足为奇了，这也就导致最终的评价结果难以使众多利益相关者满意和信服。角色重叠是利益相关者人际关系网络的重要特征，会对高校哲学社会科学创新能力评价机制的正常运行产生重要影响，因此，针对不同利益相关者在评价中可能兼扮多种角色的情况，在评价机制构建，特别是评价程序、评价方法、评价监督等重要环节，要进行特别的设计和选择。

除了角色重叠之外，高校哲学社会科学创新能力评价的利益相关者还可能发生"角色转化"的关系。首先，高校的科研人员随着自身学术地位和行政职位的升迁，其利益出发点会发生很大的变化，如对于刚入职的科研人员，资历尚浅的身份决定了其处于被动弱势的学术地位，一般会成为不公平公正科研评价制度、"潜规则"的受害者，其利益出发点就是最大程度上保证评价的公平公正性和公开透明性，这样才能实现利益最大化。而随着其学术地位和行政职务的提高，逐步成为现行一些不合理评价制度的既得利益者或受益人，其利益出发点可能从追求更加科学合理的评价机制，转换为尽可能地维持目前的评价机制。这就好比革命者，在革命胜利之前是属于积极进步力量，而在革命胜利之后逐步转化成为胜利果实的既得利益者，然而随着社会的不断进步，既得利益者如果一味地固守自身利益，而不进行改革和制度创新，最终将沦为保守落后势力的代表。除了科研人员自身不同阶段的角色转化外，高校哲学社会科学创新能力评价的利益相关者还存在其他类型的角色转换，如同一人在不同工作任务中的角色转化，一位资深科研工作者应邀成为某科研项目的评审专家，或者临时担任期刊社的匿名评审专家等，在任务完成后就立即转换为一名普通的科研工作者；另外因为退休的原因，可能由一位科研工作者的身份转化为普通的社会公众；科研成果应用者和受用者之间也可能出现相互转化的情况。

总之，在高校哲学社会科学创新能力评价中，不同类型和层次的利益相关者可能会出现身份角色的频繁转化，这个现象也是我们在哲学社会科学创新能力评价机制构建和实施过程中应该重点关注的。角色重叠和角色转化是高校哲学社会科学创新能力评价的重要特征，虽然我们无法控制和避免利益相关者兼具多种社会角色，以及不同角色之间的相互转化，但是可以通过采取科学合理有效的制度措施来规避高校哲学社会科学创新能力评价中的"学术失德、失范"行为的发生。例如，目前普遍采用的评价回避制度、匿名评审制度、建立专家库等措施，有力地保证了评价结果的公平公正性。除此之外，还应该加强学术道德教育，和对学术失德、失范行为的惩戒处罚力度，这样才能从根本上减少相关问题的发生。

最后，需要经常全面地掌握各个利益相关者不同的利益出发点和利益诉求，通过科学合理的评价机制来最大限度地满足利益相关者对科研成果评价的价值和利益需求，最大限度地提高利益相关者对评价结果的满意度和认可度，形成利益相关者与科研成果评价之间的良性生态关系，既可以评选出优秀的科研作品，又可以实现科研人员自身的价值，这样才能够促进高校乃至国家的哲学社会科学持续健康繁荣发展。

6.4 基于利益相关者理论的哲学社会科学创新能力评价机制

众多的高校哲学社会科学创新能力评价利益相关者就像一个共同体，他们或者受到评价结果的影响，或者可以影响评价结果，都是评价中不可或缺的有机组成部分，共存于一个评价生态系统之中，各自之间互为依赖，共同发展，应该赋予各个利益相关者相应的评价主体地位，可以让其在评价的不同过程环节发挥作用。要将高校哲学社会科学创新能力评价看成是一项复杂的系统工程，不能期望单独一方的利益相关者解决所有的问题。不同的利益相关者由于利益出发点、角色地位以及自身素质能力各不相同，对评价的结果也会产生不同的影响，只有将不同层次、类型的利益相关者的评价结合起来，采用共同评价机制，才能使不同利益主体的评价结果相互补充、相互印证和相互完善，使评价结果更加公平、公正、准确、全面，才能最大限度地满足不同利益相关者的利益诉求。

然而通过上文的分析，我们知道高校哲学社会科学创新能力评价的利益相关者众多，不能直接将所有的利益相关者混为一体参与哲学社会科学创新能力评价活动。对于哲学社会科学创新能力评价客体实行"分类评价"已经得到学术界各领域评价专家的认可和提倡，一般是针对人文类、艺术类、社会科学类不同学科领域，不同类型的研究成果，如基础理论型、应用型、艺术创作型等形式，可以根据科研成果的具体形式分门别类地采用合适的评价方法、程序、标准原则，这样才能体现出评价机制的科学合理性。而对于评价主体，笔者认为也应该进行分类，依据上文对高校哲学社会科学创新能力评价的利益相关者划分情况，可将评价主体分为首要评价主体、次要评价主体和边缘评价主体三大群体，不同的评价主体可以划分到不同的评价阶段、结合其自身所擅长的评价视角和利益诉求，对科研成果进行全方位的评价，这样就可以避免出现把所有的利益相关者视为一体所带来的混乱局面。

简单的让所有利益相关者都参与到高校哲学社会科学创新能力评价中，只能保证评价主体的多样性，还不能构成完整的"共同评价机制"。基于利益相关者理论的共同评价机制，真正目的是为了实现和满足众多利益相关者的合理利益诉求，那么如何在公平公正的前提下平衡和制约众多利益相关者的利益诉求才是问题的关键所在。笔者认为，灵活合理的评价方法、公平公正的评价程序和完备系统的评价监督"三维一体"，是共同评价机制不可或缺的有机组成部分，保证了评价机制的合理有序运行。一方面可以作为满足合理利益诉求的保障，另一方面，又可以制约不合理的利益诉求，这样才能最大限度地化解各个利益相关者之间的利益冲突和矛盾，平衡和满足不同利益相关者的利益诉求，形成一个良性的共同评价机制。

6.4.1 评价主体的多元性

本书界定的 12 个利益相关群体，他们或者能够影响评价结果，或者是受到评价过程和结果的影响，都是评价中不可忽视的有机组成部分，应该赋予其在高校哲学社会科学创新能力评价中的主体地位，通过不同形式参与评价的各个环节。具体而言，首要评价主体主要关心自身的学术利益，而其评价者也具备本领域内扎实的学术科研基础，应该让其主要评价科研成果的学术价值和科研价值；而间接评价主体最关心科研成果应用的短期投入-产出关系，因而让次要评价主体主要评价科研成果的短期社会经济效益和价值；最后边缘评价主体，大多数只关注评价结果产生的长远的社会效益，同时由于其自身的专业领域知识有限，因而应该发挥边缘评价主体对科研成果长期社会价值的识别、判断、反馈作用。

总的来说，就是不能够"一刀切"，应该通过实际情况的分析来确定不同的评价主体。例如，学术共同体与社会受众，由于两者专业知识背景相差甚远，就不能让社会受众去直接评判科研成果的学术价值，应该发挥其天然优势去评价成果的社会价值，弥补当前高校哲学社会科学创新能力评价中普遍存在的社会价值缺失的漏洞[1]。

---

[1] 谭春辉. 高校人文社会科学研究成果评价机理研究：基于利益相关者的视角 [J]. 社会科学管理评论, 2013 (2): 23

6.4.2 评价方法的灵活性

目前国内外关于哲学社会科学创新能力的评价方法不外乎定性评价、定量评价或者定性与定量相结合评价这三种类型，每种类型的评价方法又有多种多样的实现形式，如通信评审法、现场评审法、引文分析法、指标打分法、数学模型法、经济分析法等。评价方法是实现评价目的的技术手段，评价目的与方法的匹配是体现评价科学性的重要方面，正确理解和认识这一匹配关系是正确选择评价方法的基本前提[1]。

笔者认为，先进科学的评价方法对于评价效果固然重要，但是如何从众多方法模型中选择一种最恰当的方法，是摆在众多评价研究者面前的普遍难题。高校哲学社会科学创新能力评价的目的就是发现和识别真正有价值的哲学社会科学创新能力，发挥评价的激励导向作用，协调和满足各个利益相关者利益诉求，促进其广泛参与、积极进取，不断促进哲学社会科学的持续发展。所以，我们通过分析各方的利益诉求可以更好地把握评价的真正目的，针对不同类型的利益相关者即评价主体，匹配出最合适的评价方法。例如，书刊出版机构、学术共同体和专门的评价中介机构作为成果评价的"第一重把关者"，适合运用定性评价方法独立地对哲学社会科学创新产出能力的规范性、创新性、价值性进行初始鉴定；高校科研管理部门或国家科研管理部门作为评价主体，主要是为了实现其管理职能，同时要尽可能地降低管理成本和提高管理效益，适合采用定量评价方法，一般通过设定间接统计性指标，得到科研工作者的先后排名结果即可；科研成果应用者和受用者最关心经济和社会效益，可以采用经济分析法，以经济效益、社会效益作为评价的依据，通过成本效益分析对科研产出进行研究和评价；社会受众由于分布相对分散，可以采用问卷评价的方法收集原始评价数据，统计分析结果作为判断科研产出社会价值的主要依据。

6.4.3 评价程序的公平性

评价程序是对评价活动从准备评价到提交评价报告各个阶段的实施步骤的详细规定，也是开展评价工作基本路径的具体描述[2]，可以说评价程序就是整个评价工作的行动规范。那么怎么保证评价程序的公平公正，笔者认为，应该让高校

---

[1] 肖利. 试论国家科技项目的分类评价、目标评价和程序规范. 科技管理 [J]，2004 (3)：15-16
[2] 同[1]

哲学社会科学创新能力评价的各个利益相关者参与到评价程序的制定、实施和监督的过程中，把来自各方的利益诉求融入评价程序之中，改变目前多数科研评价中的"一言堂"现象。不管是首要利益相关者还是间接、次要利益相关者，都希望确保评价的独立性，而评价的独立性主要由公平公正的评价程序来维护。具体来说，作为评价者的学术共同体或专门的评价中介机构更希望去除评价中的行政干预色彩，作为被评价者的众多科研工作者则更排斥评价中的"门第之见""亲疏之分""权钱学交易"，而作为间接和外部利益相关者，最不能容忍那些尸位素餐的评价专家和浑水摸鱼的科研工作者。

另外，在我国特殊的学术环境下，高校哲学社会科学创新能力评价的直接利益相关者之间往往界限模糊，存在"一身多角"的情况，即同时拥有科研管理者、学术共同体专家、书刊编辑、科研工作者等多重身份，相互之间存在千丝万缕的隐性利益关系，导致许多看似公平公正无懈可击的评价程序在实施过程中"失灵"，最终难以获得让各个利益相关者满意的评价结果。然而依据上文分析利益相关者之间的关系可知，次要和边缘利益相关者与直接利益相关者间的利益出发点有很大的不同，而且相互间的利益交叉点较少，如果发挥好间接和外部利益相关者在评价程序实施过程中的广泛监督作用，就可以让那些违反学术公正的行为暴露在阳光之下，截断直接利益相关者之间长期存在的"利益链条"，扭转评价程序"失灵"的困境，获得公平公正的高校哲学社会科学创新能力评价结果。

6.4.4 评价监督的完备性

评价监督是保证评价结果公平公正合理的"安全阀"，如果哲学社会科学创新能力评价监督缺位或不到位，就会导致"暗箱操作""权钱交易""一言堂"等学术腐败问题，最终必然会阻碍高校哲学社会科学的持续繁荣发展。目前来看，我国高校哲学社会科学创新能力评价监督工作还存在很多不足和缺陷。例如，众多评价主体的监督意识尚需提高和加强，缺乏完善的内部监督体系和通畅的外部监督渠道，相关的监督制度规范还不完备[1]，甚至出现缺失的情况，因此完备系统的评价监督体系是构建共同评价机制过程中的重点工作。

评价监督可以分为内部监督和外部监督两种形式，就高校哲学社会科学创新能力评价的利益相关者来看，首要利益相关者中的被评价者、次要利益相关者和边缘利益相关者应该是外部监督的主要力量，其中被评价者的利益由于直接受到

---

[1] 谭春辉. 高校人文社会科学研究成果评价监督优化研究［J］. 情报资料工作, 2013 (3)：48-52

评价结果的影响，因此对于评价监督工作具有"天然"的积极性；而次要利益相关者和边缘利益相关者由于没有最直接的利益相关性，他们对于评价的监督会具有更好的客观公正性，但需要采取一定的激励措施，促使他们积极参与评价监督工作。对于首要利益相关者中的评价者，如高校科研管理部门、国家科研管理部门、书刊出版机构、学术共同体、专门的评价中介机构和科研项目出资者，这类利益相关者在整个评价过程中处于强势主动地位，外部监督在实施过程中必然会有一些方面监督不到位，这就需要评价者"自律"，通过完善的组织内部监督制度和学术职业道德准则，实现自我约束和自我管理。

第7章 高校哲学社会科学创新能力评价方法的优化

随着科学事业的不断发展，包括高校哲学社会科学创新能力评价在内的科学评价工作越来越受到各国政府和社会各界的重视，对于哲学社会科学创新能力评价方法的研究也随之兴起。虽然，我国一些学者长期致力于创新能力评价指标体系的研究，并取得了很大成就，对哲学社会科学创新能力评价作出了卓越贡献，但是规范的、全面的、实用的哲学社会科学创新能力评价方法体系仍在探索、构建和完善之中[①]。科技越进步，社会越发展，人类文明程度越高，越离不开哲学社会科学的支撑，构建和完善科学合理的哲学社会科学创新能力评价方法的呼声就越来越强烈。

---

① 张慧颖，张卫滨，张颖春. 哲学社会科学学术成果评价方法的比较研究［J］. 理论与现代化，2007（1）：108-113

7.1
国内高校哲学社会科学创新能力评价常用方法

对于哲学社会科学创新能力的评价，主要有同行评议法、引文分析法和综合评价法三类，且综合评价法已成为当前的主流评价方法。具体到高校哲学社会科学创新能力的评价，在我国高校的实践中，主要存在着两种评价导向。

7.1.1 以同行评议为导向

例如，针对高校哲学社会科学创新产出能力的重要维度科研产出中的科研成果，以北京大学和清华大学为首的高校，在对哲学社会科研究成果进行评价时采取以同行评议的为主，兼具定性与定量相结合的指标评价方法。这种方法主要考虑到哲学社科科研成果的多样性，强调在同一学科或相关领域内进行评价，学校只向下属学院提供一个大体的考核体系，而将各部分的权重制定交予各院系掌控。譬如，北京大学将哲学社会科学的评价权利交给个各院系各学部的学术委员会，社科部只负责评价名额的分配、评价程序、评价主体、评价时限的制定等，完全不涉及评价指标的设计。

以同行评议为导向的评价方法充分体现了同行评议、学者自制，兼顾指标综合评价方法的优点。但这种方法在一定程度上不能规避同学科、同院系的专家自身存在的弱点和偏见，以及给予评议权利的专家主体具备非凡的权利的同时难以使评价过程保密等缺陷。

7.1.2 以多指标综合评价方法为导向

同样的，针对高校哲学社会科学创新产出能力的重要维度科研产出中的科研成果，多指标综合评价方法也非常有市场。建立多指标综合评价体系是指在开展哲学社会科学研究成果评价时，为了全方位、系统地揭示其学术水平、学术价值、社会效益以及经济效益，而构建的多层次的定性与定量指标相结合的评价指标体系与评价模型。这也是目前各高校评价哲学社会科学研究成果所采取的重要方法之一，其在一定程度上结合了其他评价方法对评价对象进行评价与分析（如同行评议、主成分分析法、层次分析法、引文分析法、概率权、TOPSIS 等），从而使评价更具客观性，但正是因为用于综合评价的方法众多，对于相同的评价对象采取不同的评价方法，其结论可能出现较大的差异。

7.1.3 当前哲学社会科学创新能力评价方法简要评述

哲学社会科学创新能力评价是一项复杂的工程，尽管各个高校都有自己独特的评价方法体系，但每种评价方法都有优劣，真正很难找到一个统一的、为各方面认同的评价方法[1]。不可否认的是，评价方法是一个不断探讨、不断优化、不断被完善的过程，需要确保哲学社会科学创新能力评价的客观性、有效性、公正性、科学性以及操作的简便性，需要有效地结合这些方法进行优势互补、避其所短，优化高校哲学社会科学创新能力评价方法，从而使得评价结果更公正、更科学与更合理。然而，我国高校当前在哲学社会科学创新能力评价中，无论是采用哪一种评价方法，都或多或少地会受到一些质疑，究其原因，一是评价主体过于单一，二是评价维度过于单一。而借鉴绩效管理中的360度评价方法，则有可能解决这两方面的问题。

7.2 360 度评价概述

360度评价，也称全方位、全视角考评，最早是由被称为"美国力量象征"的典范企业英特尔首先提出并加以实施的，从员工自身、上级、同事、下级、顾客等多个角度对被考评者进行的评价，获得多角度的反馈，是识别、观察、测量评价对象绩效的过程，是绩效管理系统中的核心环节[2]。它是一种重要的管理工具，与计划、组织、指挥和控制等主要管理职能密切相关，是组织决定奖惩、晋升、培训及解雇的重要依据。作为一种新的评价方法，该评价模式的产生与发展最初来源于经济、科技的飞速发展带来的客观要求，从评价方法的角度来看，360度评价模式的产生与发展也来源于管理评价科学化的实际要求。

科学评价是一个复杂的过程，制约其评价结果的因素很多。哲学社会科学创新能力评价是科技工作者创造性劳动的仲裁，是对哲学社会科学创新能力的有效性、可靠性、科学性及其价值的评定[3]。因此，对高校哲学社会科学创新能力进行评价，可以采用360度评价方法，多主体、全方位地对评价客体进行评价。

---

[1] 邱均平，王菲菲. 社会科学研究成果综合评价方法研究 [J]. 重庆大学学报（社会科学版），2010(1)：110-114.
[2] 徐辰雪，常慧宁. 360度绩效考评的误用 [J]. 企业管理，2011 (7)：34-35.
[3] 邱均平，任全娥. 我国人文社会科学研究成果评价研究进展 [J]. 情报资料工作，2006 (4)：10-15.

7.3 高校哲学社会科学创新能力 360 度评价的优势

科学评价的实质是人们把握被评价对象对科技的发展、人类社会的发展、经济发展及人类生存环境的改善等方面产生的意义[①]。将 360 度评价方法引入高校哲学社会科学创新能力评价中的优势主要体现在以下几点。

7.3.1 系统性

科学评价方法体系既要有能够全面地反映哲学社会科学创新能力的内在属性，又要有反映哲学社会科学创新能力对社会、科技、经济发展等外部关系的外在属性。将 360 度评价方法引入高校哲学社会科学创新能力评价中，其主要的指导思想体现在：从影响评价对象实现价值的各个因素的角度来选择相应的评价方法，克服个体在认识客观事物时无法取得评价对象的所有信息而致使评价结论一定程度上偏离客观实际的不足，从全方位多维的角度建立一个 360 度评价的方法体系。高校哲学社会科学创新能力的高低与强弱可以从多个方面表现出来，从各个维度将这些评价指标和方法的差别加以抽象和提炼，与此相应的评价标准也可以从多种视角多个方面进行评价。

7.3.2 客观性

评价方法的选择一定要建立在科学基础上，才能将高校哲学社会科学创新能力的本质特性充分地反映出来。360 度评价方法将评价指标明确化，通过客观规范的统计，将哲学社会科学创新能力的真实效用反映出来，而且误差小。360 度考核的考评者不仅来自不同层面，而且每个层面的考核者都有若干名，从统计学的角度看，可选择合适的计量方法来综合计量，反映结果更接近于客观情况，可减少个人偏见及评分误差。

7.3.3 导向性

在科学评价的过程中，通过多侧度的反馈，能够引导和鼓励科研人员和科研

---

① 俞立平. 科技评价方法基本理论研究——多属性评价面面观 [M]. 北京：学习出版社，2011：22

机构更加直观地看到自己的长处和不足，找到问题产生的原因，并采取改进措施，从而进一步提高科研人员和机构的研究质量，促进科学研究的健康发展，形成良性循环。

7.4 高校哲学社会科学创新能力评价方法的优化

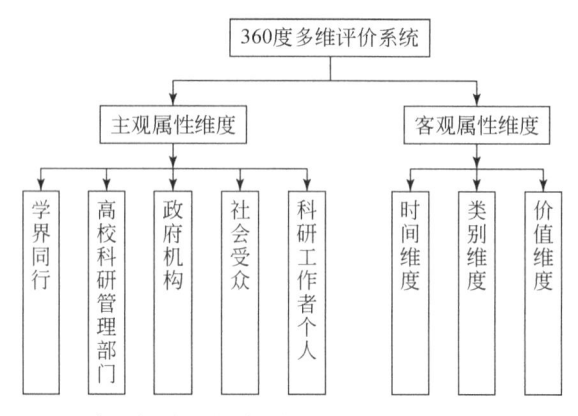

7.4.1 高校哲学社会科学创新能力360度评价方法体系的构建

科学评价是一项复杂的系统工程。高校哲学社会科学创新能力评价系统的复杂性主要表现在评价主体的多元性、评价客体的表现形式以及评价方法的多样性。其中高校哲学社会科学创新能力成果评价主体主要包括学界同行、高校科研管理部门（组织）、政府机构、社会受众和科研工作者个人或团体五个主体；评价客体的表现形式主要可分为创新投入能力、创新运行能力和创新产出能力；评价方法主要由定性评价法、定量评价法和定性定量综合评价法这三大类组成。同时，在对一项高校哲学社会科学创新能力评价的过程中，其形成过程、社会价值、经济价值、学术价值等其他相关的客观属性都应考虑在内。因此我们从构成评价系统的主观属性（与高校哲学社会科学创新能力相关的评价主体）与客观属性（包括哲学社会科学创新能力形成过程的时间维度、哲学社会科学创新能力表现形式的类别维度和哲学社会科学创新能力体现的价值维度）的角度出发，构建一个基于360度评价的高校哲学社会科学创新能力评价方法体系，如图7-1所示。

图7-1 高校哲学社会科学创新能力360度评价方法体系

7.4.2 高校哲学社会科学创新能力360度评价方法体系的分析

1. 高校哲学社会科学创新能力评价主观维度分析

高校哲学社会科学创新能力主观维度是相对于哲学社会科学创新能力为评价主体而言的,即从不同的评价视角对哲学社会科学创新能力进行价值判断的主体。从高校哲学社会科学创新能力360度评价相关的角度,我们可将参与高校哲学社会科学创新能力评价的主体大体可分为学界同行、高校科研管理部门(组织)、政府机构、社会受众和科研工作者个人或团体五个主体。360度维度测评体系主观维度组成示意图如图7-2所示。

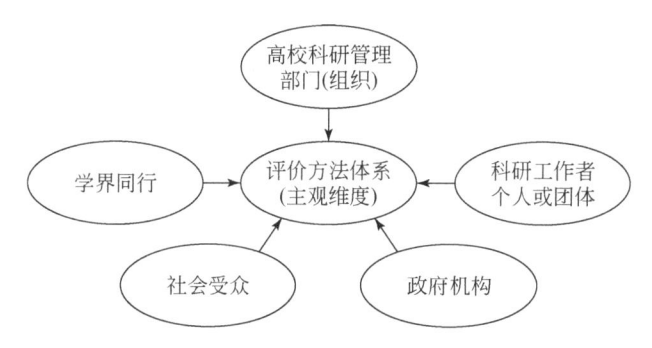

图7-2 360度维度测评体系主观维度组成示意图

1) 校科研管理部门(组织)

校科研管理部门(组织)作为高校科研的管理者,是哲学社会科学创新能力把关的重要枢纽,主要管理项目的资金流动以及科研产出的评估验收。各级社会科学管理部门及各高校文科处或社科部,出于管理的方便与评价的可操作性,对哲学社会科学创新能力的评价一般以间接指标评价方法为主,如发表刊物的等级(或出版社)、被引用情况、被转载情况、获奖情况、被采纳证明材料作为评价指标等。

2) 学界同行

对哲学社会科学创新能力的评价来说,学界同行最有发言权,是应然的评价主体。随着学术共同体的形成以及对科研评价的制度化,同行评议是目前世界各国在科学评价中使用最广泛的一种方法。

3) 政府机构

政府机构作为科研项目的评审、立项以及科研成果实施推广的主要参与者,其将更加注重项目成果的社会效益和经济效益,其主要采用的方法为经济计量法为主,社会评价、专家鉴定评价等方法为辅的评价方法。

4）社会受众

哲学社会科学是以人、人类社会为研究对象的科学，其研究成果在一定程度上基于社会大众，其最终也作用于社会大众。因此社会受众作为哲学社会科学研究的评价主体，主要采取的评价方法有问卷调查法、现场询问法、网络评价直接评价与匿名评价相结合等方法。

5）科研工作者个人或团体

科研工作者个人或团体是哲学社会科学创新能力的创造者，对自己的哲学社会科学创新能力进行自我评价从而实现自我校验、自我认识、自我提高。因此在对哲学社会科学创新能力进行评价的过程中可采用标杆分析法等方法。

2. 高校哲学社会科学创新能力评价客观维度分析

1）时间维度

哲学社会科学创新能力具有生命周期，因此，哲学社会科学创新能力评价应从时间的维度来进行。以哲学社会科学创新运行能力中的研究项目为例，可以很好地明确哲学社会科学创新能力评价的时间维度。按照科研项目研究的生命周期，通常将高校人文社会科学研究项目评价分为三部分：项目前期评价、项目中期评价和项目后期评价。项目前期评价即是在项目申请立项阶段，目前在人文社会科学研究领域，成立由同行专家组成的评审小组进行立项评议，包括项目的可行性评估、项目的风险评估、项目的价值评估等，以便决策者作出科学的决策。项目的中期评价即对项目实施的过程进行的监督管理，对已完成的工作作出评价，及时发现项目实施过程产生的偏差，评价的结果可为项目的调整提供必要的依据。项目中期评价主要由科研管理部门和科研工作者进行。项目后期评价即按照已制定的人文社会科学研究成果评价的标准，对研究所产生的成果进行严格的对比验证，学界同行、校科研管理部门（组织）、政府机构、社会受众和科研工作者个人或团体都应积极参与到科研成果的评价中，从学术价值、社会价值、经济价值等方面来衡量其质量等级。评价主体对高校哲学社科项目的前中后期的重要度指数见表7-1。

表7-1 评价主体对高校哲学社科项目的前中后期的重要度指数

评价主体	项目前期评价	项目中期评价	项目后期评价
高校科研管理部门（组织）	☆☆☆	☆☆☆	☆☆☆
学界同行	☆☆☆	☆☆	☆☆☆
政府机构	☆☆	☆☆	☆☆
社会受众	☆☆	☆☆	☆☆
科研工作者个人或团体	☆☆☆	☆☆☆	☆☆☆

注：重要度指数按不重要☆、重要☆☆、非常重要☆☆☆来表示

2）类别维度

类别维度更多地表现在哲学社会科学创新产出能力中的科研产出的评价。哲学社科研究成果可按不同的分类方法将科研成果分为不同的类别，如按科研成果形式分类，可分为专著、论文、研究报告、学术资料等；按研究性质分类，可分为基础研究成果、应用研究成果和开发研究成果等。不同类型的研究成果，其研究目的、研究性质及其所产生的作用均不相同。从科研管理的角度看，根据研究性质对科研成果进行分类，更有利于认识科研成果的价值，更适用于科研成果的评价。在我国，根据教育部、社会科学院等对哲学社会科学研究成果评奖的分类标准，我们将哲学社会科学研究成果分为基础研究成果、应用研究成果和开发研究成果。

科研成果类别的不同决定评价的侧重点会有很大差异，具体地讲，基础科学研究类成果，主要是指探寻事物的基本规律而进行的实验性和理论性研究工作，其独特的创新性决定了该项目评价要以学术价值为主，同时要重视该研究可能带来的潜在社会价值。应用研究类成果是在科学研究的基础上，对相关研究成果进行新方法和新用途的探索；开发研究类成果，是指在应用科学研究、应用研究和实际经验等现有知识，进行新产品、新工艺、新技术的开发项目，此类项目主要体现为社会效益和经济价值。

3）内容维度

高校哲学社会科学创新能力的评价内容十分复杂，主要涉及哲学社会科学创新投入能力、运行能力和产出能力等三大方面。

对哲学社会科学创新投入能力可以从科研队伍、科研经费和基础设施等三个方面来进行评价；对哲学社会科学创新运行能力可以从社会支持、管理机制和组织文化等三个方面来进行评价；对哲学社会科学创新产出能力可以从科研产出、学科建设和社会贡献等三个方面来进行评价。

7.5 结语

高校哲学社会科学创新能力评价方法体系在高校哲学社会科学发展中发挥着重要作用。由于我国高校哲学社会科学创新能力评价方法研究和实践起步较晚，且受到社会大环境的影响和制约，公平、规范、科学的高校哲学社会科学创新能力方法体系还未成熟。高校应坚持正确的评价导向，充分发挥科学评价的激励作用，共同构建公平竞争、学者自制的科研环境。本章在力求理清现行的高校哲学社会科学创新能力评价方法的同时，从 360 度评价的角度对哲学社会科学创新能力评价方法进行优化探索，这对建立规范的高校哲学社会科学创新能力评价体系、促进高校哲学社会科学的健康发展具有重要的现实意义和理论意义。

第 8 章

高校哲学社会科学创新能力评价程序的优化

近年来，我国党和政府非常重视哲学社会科学的繁荣发展，无论是管理界、学术界还是社会公众，对于哲学社会科学创新能力的评价都越来越重视。高校作为哲学社会科学创新能力的重要主体，为哲学社会科学创新能力的提升作出了积极贡献，哲学社会科学创新能力评价也相伴而生。但是，高校哲学社会科学创新能力的评价却引来一些非议，正如《教育部关于进一步改进高等学校哲学社会科学研究评价的意见》中所指出的：高校哲学社会科学研究评价工作还存在一些亟待解决的问题，如"科学合理、诚信公正的评价制度有待进一步健全"，"重人情拉关系、本位主义、门户之见等不良现象亟待有效遏制"[1]。评价程序是高校哲学社会科学创新能力评价机制的重要组成部分，目前，学术界、管理界及社会公众非常期盼能建立公正的高校哲学社会科学创新能力评价程序。

---

[1] 教育部关于进一步改进高等学校哲学社会科学研究评价的意见 [EB/OL]. http://www.moe.edu.cn/publicfiles/business/htmlfiles/moe/A13_zcwj/201111/126301.html, 2014-08-12

8.1 当前高校哲学社会科学创新能力评价程序存在的不足

当前高校在哲学社会科学创新能力评价程序方面存在的不足，可以用高校哲学社会科学研究成果评价程序的实际来表征。

根据笔者的问卷调查及对部分高校在哲学社会科学研究成果评价（考核、奖励）方面的相关文件的整理，结果表明，尽管各高校在对哲学社会科学研究成果进行评价时都设置了一定的程序，这些评价程序也在一定程度上促进和保障了哲学社会科学研究成果评价的顺利进行，但从客观的角度来看，还是存在诸多不足。

8.1.1 评价目的扭曲化

从宏观角度来看，高校哲学社会科学研究成果评价具有决策、激励、导向、规范等四大功能，其目的是以评价来促进高校哲学社会科学健康、有序地发展，推动社会进步。从微观角度来看，由于评价委托方不同，或者被评价方不同，每一次评价的目的都有所差异。从实现情况来看，有些高校哲学社会科学研究成果评价的目的发生了扭曲，或是为了评定奖励等级，或是为了完成科研考核，或是为了捞取科研经费，或是为了完成上级交代的任务。如果是这类评价目的，则是一种本末倒置，舍本逐末的短视行为。

8.1.2 评价过程粗糙化

高校哲学社会科学研究成果评价的一般过程为：确立评价目的和评价标准体系、获取评价所需信息、对评价对象进行综合评价、评价结果展示及反馈。但从很多高校哲学社会科学研究成果评价实践来看，评价过程一般都是简单化、粗糙化，评价标准多以论文所载刊物级别、图书所属出版社级别等来认定，对最终评价的结果也不进行公示，被评价方无法就评价结果进行反馈。更有甚者，评价完全走过场，无论被评价成果的类型、数量、复杂程度如何，都追求速战速决，在短时间内突击完成。

8.1.3 专家选择形式化

尽管建立了各类高校哲学社会科学研究成果评价指标体系，但评价活动得以实施还是离不开评审专家。可以说，评审专家是哲学社会科学研究成果评价的"法官"，拥有着至上的权利，甚至可以决定一项成果的最终命运。因此，在理论上强调评审专家的随机遴选、强调内行评内行，需要建立评审专家数据库。然而，现实中却经常出现聘请的专家学科范围过窄、外行评内行、二流专家评一流专家、少数几个专家把持评价活动等现象，评审专家选择形式化，并未贯彻随机原则。

8.1.4 评价方法僵硬化

哲学社会科学研究成果形式多样，创新程度与质量也各有不同，需要综合评判。但是，目前许多科研管理部门在组织高校哲学社会科学研究成果评价时，易于走极端。一是唯数量论，强调量化评价，各种以数字指标为核心的哲学社会科学研究成果考核体系大行其道；二是唯核心期刊论，几乎所有高校在哲学社会科学研究成果评价中都引入"核心期刊"（含 SCI、SSCI、A&HCI、ISTP、EI），对论文成果进行评价（考核、奖励）时，不看论文学术水平，仅看论文发表期刊的级别。

8.1.5 评价沟通漠视化

哲学社会科学研究成果评价是对成果完成人及完成单位学术创新程度和质量水平的认知，需要得到成果完成人及成果完成单位的认可与接受。从我国高校哲学社会科学研究成果评价活动的现状来看，绝大多数成果完成人及完成单位往往处于一种被动地位，听任评价委托方和评价方摆布，对评价结果只是被动接受，就算是评价结果显失科学与公正，也没有相应的反馈与申诉渠道。在哲学社会科学研究成果评价中缺乏沟通，既助长和滋生了"有权"的评价方的不良行为，又让成果完成人及完成单位难以进行合理的学术定位。

8.1.6 评价行为自由化

从各个高校制定的关于"（哲学社会科学）科研成果评价（考核、管理、奖励）办法"来看，几乎没有"对哲学社会科学研究成果评价进行监督"的文字表述；就算在调查中有些被调查者表明所在学校提出了要对哲学社会科学研究成果评价进行监督，但也多是做样子，监督机制成为"摆设"。监督机制的缺乏，助长了高校哲学社会科学研究成果评价行为的自由化，在众多评价活动中经常会充斥着"人情交易"和"权钱交易"的味道，而评价活动也更多地受到行政领导个人意志的影响。

8.2 高校哲学社会科学创新能力评价程序优化的价值标准

我国高校哲学社会科学创新能力评价程序存在种种不足，需要对其进行优化。那么，优化的价值标准是什么呢？换言之，对现有的高校哲学社会科学创新能力评价程序进行改变，应从什么视角来判断其确实得到了优化？笔者认为，高校哲学社会科学创新能力评价程序优化的价值标准是程序公正。

公正作为一种道德诉求，是人类永恒的追求，同时也是任何权利与权益实现的价值基础。所谓公正，是指人们之间分配关系上的合理状态，是一种价值和道德的判断标准[1]。在一个组织中，公正是促进组织高效运行、增强组织成员凝聚力、提升组织成员满意度的关键因素。所谓程序公正，是指投入或参与到程序中的程度，具体体现在决策的过程中是否给个体表达自己观点的机会[2]。对于一个组织中的个体来说，人们关心的是"决策如何制定"，很少关心"决策能给个人带来什么结果"，只要程序是公正的，那么结果也会被认为是公正的，而无论这结果对个体是否有利。程序公正作为一种价值诉求和价值标准，在社会组织中具有重要的价值与作用：程序公正可以影响个体的内部动机，激发其信任水平，提升完成任务的积极性；程序公正有助于化解矛盾、提升利益受影响主体对结果的满意度；程序公正有助于个体在行为上配合决策执行的力度，勇于承担风险，激活其创造力，努力回报组织[3]。

高校哲学社会科学创新能力评价程序，是在对高校哲学社会科学创新能力进行评价时，评价主体（包括评价方、被评价方、委托方）所应遵守的步骤、方式、流程安排和规则。哲学社会科学创新能力评价程序的设置与推广，其目的是为了保障与更好地达到公正的评价结果。尽管学术界积极努力地探索确保结果公正的哲学社会科学创新能力评价标准，但是如果没有一个公正的程序，也就不存在公正的评价，也很难保证评价结果的公正[4]。

---

[1] 林晓婉. 程序公正及其心理机制 [J]. 心理科学进展，2004（2）：264-272
[2] Thibaut J, Walker L. Procedural justice：A psychological analysis. Hillsdale, NJ：Erlbaum, 1975：8-9
[3] Zapata-Phelan C. P., Colquitt J. A., Scott B. A., Livingston B.. Procedural Justice, Interactional Justice, and Task Performance：The Mediating Role of Intrinsic Motivation [J]. Organizational Behavior and Human Decision Processes, 2009, 108（1）：93-105
[4] 王晓丽. 关于人文社会科学评价程序的思考 [J]. 科技管理研究，2008（8）：283-284

公正的高校哲学社会科学创新能力评价程序，是指在高校哲学社会科学创新能力评价中，按照合理的顺序、方式、步骤与规则，以有效实现哲学社会科学创新能力主体利益的过程。公正的哲学社会科学创新能力评价程序所张扬的是一种过程价值，是实现哲学社会科学创新能力评价结果公正的理性考量，所要解决的根本问题是通过设置相应的评价顺序、方式、步骤与规则，实现哲学社会科学创新能力评价结果公正的最佳方式与步骤选择，保证哲学社会科学创新能力评价结果能够代表各研究主体的利益，节约哲学社会科学创新能力评价成本，提升哲学社会科学创新能力评价公信力，促进高校哲学社会科学研究的繁荣与发展。

8.3 高校哲学社会科学创新能力评价程序优化的基本要求

既然程序公正是高校哲学社会科学创新能力评价程序优化的价值标准，那么对高校哲学社会科学创新能力评价程序进行优化，就必须按照程序公正的相关要求来开展，这些要求也就构成了高校哲学社会科学创新能力评价程序优化的基本要求。

目前，国内外学者无论是从法律的视角、管理的视角、组织的视角，还是从心理学的视角，都对程序公正的基本要求进行了研究，并形成了一些为学术界所认同的观点[①]。借鉴这些成果，本书认为，高校哲学社会科学创新能力评价程序优化的基本要求包括：

（1）信息沟通充分。要求在高校哲学社会科学创新能力评价过程中，应向被评价者提供有关哲学社会科学创新能力评价目的、评价标准、评价方法等方面的信息，让被评价者知晓这些信息，从而降低他们对于评价过程的疑虑。

（2）标准始终如一。要求在高校哲学社会科学创新能力评价过程中，无论被评价者是谁，都应按照统一的评价标准进行评价，评审专家要抑制个人偏好，公平对待各被评价方，且不能利用评审权力来谋取私利。

（3）评价主体平等。要求在高校哲学社会科学创新能力评价过程中，无论是评价方、委托方还是被评价方，都是平等的，只是分工不同，都有权对评价过

---

① 何正平，胡燕. 从西方程序公正的演进逻辑看我国程序公正的制度建设 [J]. 四川师范大学学报（社会科学版），2009（2）：54-59

程中的不正当行为进行监督或向相关部门反映。

（4）积极有效参与。要求在高校哲学社会科学创新能力评价过程中，保障被评价者能够有效地参与到与自身利益相关的评价活动中来，对评价结果有权提出自己的申诉意见，也能对评价过程中的不正之风进行揭露。

（5）信息公开透明。要求在高校哲学社会科学创新能力评价过程中，要让公正成为看得见的公正，让被评价方乃至社会公众了解哲学社会科学创新能力评价的过程及其结果，既满足其知情权，又能加强对评价过程的监督。

（6）流程科学合理。要求在高校哲学社会科学创新能力评价过程中，要遵循评价活动的一般规律，科学合理地设置评价流程，符合哲学社会科学创新能力评价效率的要求，程序中的各个环节与流程与评价目的具有必然的因果关系。

8.4 高校哲学社会科学创新能力评价程序优化的要素设计

优化后的高校哲学社会科学创新能力评价程序需要包括哪些流程要素？G. S. Leventhal 等对于程序公正构成要素的研究，具有重要的参考价值。G. S. Leventhal 等认为，一个公正的程序必然包括以下七个要素：①委托人的选择（selection of agents），指决定由谁来制定决策；②基本规则的设定（setting ground rules），指对程序要达到的目标、标准及可能的结果进行规范；③信息搜集（gathering information），指对程序所要运用的信息进行充分搜集；④决策结构（decision structure），指对决策过程进行确认；⑤申诉（appeals），指对不满的结果可以申诉以寻求改善；⑥保护措施（safeguards），指对有权者可能滥用职权的监测与防范；⑦改变机制（change mechanisms），指对程序不当的相关流程可以进行修改[1]。

借鉴 G. S. Leventhal 等的研究成果，结合高校哲学社会科学创新能力评价的规律与阶段性，本书设计的优化后的高校哲学社会科学创新能力评价程序要素如图 8-1 所示。

---

[1] Leventhal G S., Karuza J., Fry W. R.. Beyond Fairness: A Theory of Allocation Preference [A]. G Mikula. Justice and Social Interaction: experimental and theoretical contributions, from psychological research [C]. New York: Springer-Verlag, 1980: 167-218

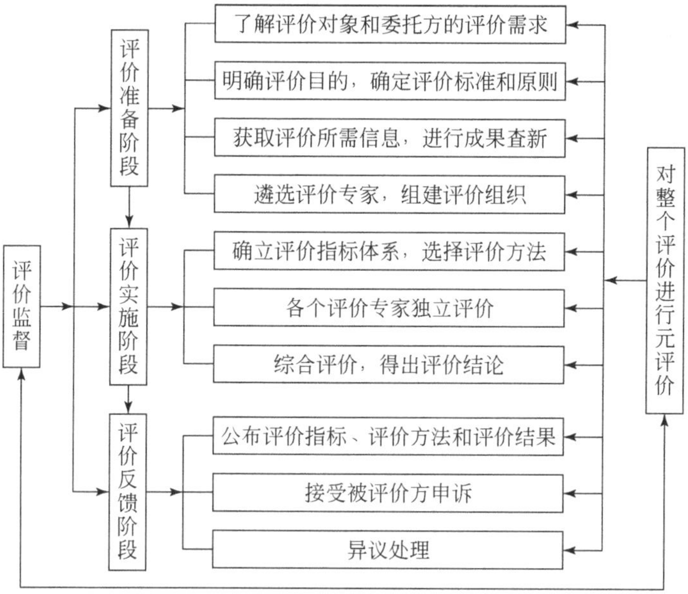

```
           ┌──────────────────────────────────────┐
           │  了解评价对象和委托方的评价需求  │◄──┐
           ├──────────────────────────────────────┤   │
    评价   │  明确评价目的，确定评价标准和原则  │◄──┤
    准备   ├──────────────────────────────────────┤   │
    阶段   │  获取评价所需信息，进行成果查新    │◄──┤
           ├──────────────────────────────────────┤   │
           │  遴选评价专家，组建评价组织         │◄──┤  对
           ├──────────────────────────────────────┤   │  整
    评价   │  确立评价指标体系，选择评价方法    │◄──┤  个
 评  实施  ├──────────────────────────────────────┤   │  评
 价  阶段  │  各个评价专家独立评价              │◄──┤  价
 监        ├──────────────────────────────────────┤   │  进
 督        │  综合评价，得出评价结论            │◄──┤  行
           ├──────────────────────────────────────┤   │  元
    评价   │  公布评价指标、评价方法和评价结果 │◄──┤  评
    反馈   ├──────────────────────────────────────┤   │  价
    阶段   │  接受被评价方申诉                  │◄──┤
           ├──────────────────────────────────────┤   │
           │  异议处理                          │◄──┘
           └──────────────────────────────────────┘
```

图 8-1　优化后的高校哲学社会科学创新能力评价程序要素

8.4.1　评价准备阶段

这一阶段是目前在高校哲学社会科学创新能力评价实践中受到忽视的阶段，而这一阶段对于评价程序是否公正又至关重要。这一阶段的流程要素如下。

1）了解评价对象和委托方的评价需求

在高校哲学社会科学创新能力评价中，必须充分了解评价对象和委托方的真实需求，然后在此基础上确定评价的总体目的，这是从事后续阶段工作的必备基础，也是保证程序公正的前提条件。通过初步审查评价相关资料内容，判断该评价对象和/或委托方对于人员、技术、时间等的要求，分析其所面临的难点问题，从而达到提前预判、通盘考虑、合理安排评价活动的目的。

2）明确评价目的，确定评价标准和原则

在评价准备阶段需要做的另一项活动是明确评价目的，然后根据评价目的确定评价标准和原则，作为贯穿评价活动始终的指导性思想和规范。高校哲学社会科学创新能力评价并不是仅仅"为了评价而评价"，而是要为管理与决策服务，改进科研管理，优化科技教育资源配置，激励科研人员，最终达到促进学术繁荣、推动科技和社会进步的目的。同时，不同的委托方、不同的被评价方，在某一次具体的评价中，目的也有所差异，需要具体情况具体分析。高校哲学社会科学创新能力评价的标准主要有真理性标准和价值性标准，其中真理性标准强调哲学社会科学创新能力的科学性、延续性、创新性、完备性；价值性标准强调哲学社会科学创新能力的理论价值、政治价值、伦理价值、人文价值和经济价值[①]。确定评价标准，应反映研究主体的意志、利益和需求，同时也要符合评价对象自身的客观发展规律，以真理性标准为主、价值性标准为辅。在依据评估目的拟定评估标准后，应该广泛听取相关各界人士的意见和建议，完成对评价标准的最终修订。另外评价活动必须遵循以下原则：依法评价原则，独立、客观和公正原则，分类评价原则。

3）获取评价所需信息，进行相应的成果查新

根据评价目的和评价标准，对高校哲学社会科学创新能力所依托的载体材料进行收集，有可能是研究报告、发表的论文、出版的著作、论文（论著）被收录和被他人论文（论著）正面引用证明、实际应用或采纳单位出具的证明和其他评价所需的材料等。这些信息的收集，一方面依赖于被评价者提供的资料，同时为了保证信息的真实、可靠性，需要对相关资料进行逐一核实。另外，应该把成果查新制度作为成果评价必备过程，以真实反应成果的新颖性和创新性水平，为判断成果的价值水平提供重要依据和参考。比较理想的成果查新方式是由评价方通过有查新资质的机构进行成果查新并生成查新报告。

4）遴选评价专家，组建评价组织

评价专家构成高校哲学社会科学创新能力评价方，其遴选质量的高低直接决定了最终评价结果的可信度。遴选评价专家时，应加强相关制度的建设：一是加强专家遴选制度建设，应在哲学社会科学研究行政管理部门的主持下，建立和完善哲学社会科学研究专家系统，开发专家遴选算法和回避算法，以随机、回避、轮换为基本原则，建立评审专家随机分配系统，加大同行专家评审力度，降低特定专家的影响力与偏执度；二是加强回避制度建设，通过界定专家需要回避的条件，严格执行回避制度，坚决杜绝泄漏评审信息、行政干预、暗箱操作、权学交易、利益冲突等可能导致不公正评价的行为；三是加强专家问责制度建设，明确评审专家的职责和失责后果，做到权责要明晰、过失必追究，对因不作为（有权不用）、乱作为（滥用权力）或不当作为（工作过失）而造成不良后果的，必须严肃追究有关评审专家的责任。另外，根据评价工作的需要，还应建立相应的评价组织机构：一是评价小组，专门负责对成果进行评价；二是申诉受理小组，专门负责接受被评价方的申诉；三是异议处理小组，专门负责对提出的申诉（异

---

① 邱均平，谭春辉，任全娥．人文社会科学研究评价的理论与实践（上）[M]．武汉：武汉大学出版社，2012：118-119

议）进行处理。

8.4.2 评价实施阶段

这一阶段是高校哲学社会科学创新能力评价最为显性的阶段，也是学术界和社会公众最为关注的阶段。这一阶段包括的流程要素如下。

1）确立评价指标体系，选择评价方法

确立高校哲学社会科学创新能力评价指标体系并选择科学的评价方法，是确保高校哲学社会科学创新能力评价程序公正的先决条件。为此，应坚持以创新和质量为导向，正确把握数量和质量的辩证关系，针对哲学学科和社会科学等不同学科领域，基础研究和应用对策研究等不同研究类型，论文、著作、教材、研究报告、普及读物、非纸质出版物等不同研究成果形式，充分考虑同行评价和社会评价、定性评价与定量评价、过程评价与结果评价、当前评价和长远评价、直接评价与匿名评价、现场评价与异地评价、会议评价与网络评价等评价方法的适用性，建立分类评价指标及各指标的评价标准，合理确定各指标的权重，选择合适的评价模型，最终作出综合评判。

2）各个评价专家独立评价

评价专家应当坚持实事求是、科学严谨的态度，自觉坚持回避原则，主动拒绝参加与评价成果有利益关系或可能影响公正性的评价，不得收受除约定之外的任何组织、个人提供的与评价有关的酬金、有价物品或其他好处。每位评价专家应当独立进行相关评价，提出各自的评价意见，其中提供的书面评价意见应当清晰、准确地反映评价成果的实际情况，所有评价专家对自己所出具的评价意见负责，自觉接受业内人士和公众的监督。

3）综合评价，得出评价结论

评价活动实行评价负责人制度，每次评价活动推举一名评价委员会主席，委员会主席对整个评价过程和评价结果负责。评价委员会主席负责组织人员汇总每位咨询专家的评分结果，并计算出综合评分。评价委员会主席在综合所有评价专家评价意见的基础上，完成综合评价结论，并对评价结果负责，接受公众监督。

8.4.3 评价反馈阶段

这一阶段是目前在高校哲学社会科学创新能力评价实践中最受忽视的一个阶段，但又是被评价方和社会公众最为看重的一个阶段，也是对高校哲学社会科学创新能力评价是否公正感知度最强的一个阶段。这一阶段的流程要素包括：

1）公布评价指标、评价方法和评价结果

哲学社会科学创新能力自身的特点，使得对其进行评价具有相当程度的复杂性和主观性，因此为了最大程度上避免偏差，应重视评价指标、评价方法和评价结果公示。通过公示，被评价方可以对评价中所采用的数据进行有效的检测，从中发现评价的误差，同时可以使被评价方及公众更多地了解评价的目的和导向，同时使评价者及时获取外界的建议和意见，使评价更加公开透明地置于公众的监督之下。

2）接受被评价方申诉

当被评价方对于评价结果不满意，特别是当其通过数据进行检测后发现评价结果存在明显的差错时，被评价方有权在一定时效内就该次评价过程和评价结果向申诉受理机构提出申诉，要求对评价结果进行再次评价。当被评价方有权进行申诉时，这让其感觉到被尊重，对整个评价程序的参与感也将增强，从而将大大提高对高校哲学社会科学创新能力评价程序公正性的感知，也有利于提高评价结果的客观和准确性。

3）异议处理

当被评价方提出申诉后，申诉受理机构要立即转交给异议处理机构，由异议处理机构启动高校哲学社会科学创新能力评价异议处理工作：一是可以邀请有异议者采取现场或者通信方式进行答辩，阐述对于自己哲学社会科学创新能力的观点和理由；二是应该就投诉者提出的问题，组织原成果评审团成员另加其他专家学者进行再评价，发现确有评价不公的，应给予修正并向异议提出者及社会大众公布复查报告。通过异议处理，能最大限度地减少在哲学社会科学创新能力评价过程中出现的漏评、误评等不良现象，有利于增强评价的准确性、科学性和公正性，克服哲学社会科学创新能力评价的先天主观性影响。

8.4.4 评价全程环节

评价全程环节是贯彻高校哲学社会科学创新能力评价程序始终的，是对高校哲学社会科学创新能力评价程序的公正性进行保障的流程，要素如下。

1）对评价进行"元评价"

所谓"元评价"，是指对评价的评价，也就是对"评价"活动本身的价值与缺陷进行评价。从高校哲学社会科学创新能力评价活动来看，在评价过程中，不可避免地存在着这样那样的不甚妥当之处，不同程度地存在偏差和失误，影响着高校哲学社会科学创新能力评价程序的公正程度和成果评价功能的发挥，这就非常有必要建立有形的"元评价"体系，成立相应的管理机构，对于评价对象、评价专家、评价标准、评价方法、评价环节、评价监督等进行研究、管理、规范和认证，从而促进高校哲学社会科学创新能力评价的科学化、规范化，以达到程序上的公正性。

2) 评价监督

监督是对高校哲学社会科学创新能力评价的一种约束与规范，是保障相关评价主体正当利益的手段，也是实现高校哲学社会科学创新能力评价程序公正性的重要工具。为实现对评价过程进行监督，需要扩展沟通反馈渠道，充分利用网上对话平台和工具，方便他人提出意见、建议和异议；需要建立专家公告制度，向社会公示评审专家库成员名单，在评价完成后向社会公示参与该次评价的专家名单，并对承担相应失责后果的评审专家酌情隐去或公开姓名进行公告；需要提高监督科技含量，实现行政监督、公众监督、学术共同体监督、舆论监督和个人监督相结合，网络监督与传统监督相结合，过程监督和随机监督相结合，提高监督工作效能。

8.5 结语

随着哲学社会科学的不断深入发展、创新投入的表现形式日新月异、创新产出的复杂程度不断提高，这就给现阶段的高校哲学社会科学创新能力评价工作带来了很大困难，提出了更高的要求。评价程序作为开展高校哲学社会科学创新能力评价工作的重要基础，当前急需对其进行优化。而程序公正是高校哲学社会科学创新能力评价程序优化的价值基础，按照程序公正的标准对高校哲学社会科学创新能力评价程序进行优化，并将其应用于高校哲学社会科学创新能力评价实践，应能推动高校哲学社会科学持续健康发展。

第 9 章

高校哲学社会科学创新能力评价监督的优化

对高校哲学社会科学创新能力进行科学评价，是促进高校哲学社会科学繁荣发展的内在要求。不可否认的是，在高校哲学社会科学创新能力评价实践中，还存在一些与高校哲学社会科学创新能力评价的公平、公正、公开等要求不相符的地方，正如《教育部关于进一步改进高等学校哲学社会科学研究评价的意见》中所指出的：高校哲学社会科学研究评价工作还存在一些亟待解决的问题，如"科学合理、诚信公正的评价制度有待进一步健全"，"重人情拉关系、本位主义、门户之见等不良现象亟待有效遏制"。对评价进行监督是高校哲学社会科学创新能力评价机制的重要组成部分，目前，学术界、管理界及社会公众非常期盼能建立完备的高校哲学社会科学创新能力评价监督体系。

9.1 高校哲学社会科学创新能力评价监督的存在问题

根据问卷调查及对部分高校在人文社会科学研究成果评价（考核、奖励）、学术道德规范等方面的相关文件的整理，结果表明，高校在人文社会科学研究成果的评价方法、评价程序方面的相关规定比较多，但对于人文社会科学研究成果评价监督方面的相关规定则稀缺，这也说明，目前我国高校在哲学社会科学创新能力评价监督方面仅处于萌芽起步阶段，还存在着诸多不足，归纳来看，主要有以下几点。

9.1.1 监督意识严重不足

高校哲学社会科学创新能力评价无论是对于评价者、被评价者，抑或是评价委托方，都在主观上存在着"逐利"的可能性，进而引发一些不当行为。光靠完善评价方法、评价标准，是难以解决这些不当行为的，需要依赖于一定的强制性监督措施。然而，目前在高校哲学社会科学创新能力评价中，无论是高等教育主管部门，还是高等院校的科研管理部门、哲学社会科学研究人员，监督意识都不强，虽然强调评价结果的公示，但公示多是走过场；而对于高校哲学社会科学创新能力评价全过程的监督，则少有企及。教育部社会科学委员会通过的《高等学校哲学社会科学研究学术规范（试行）》强调学者的自律，但对于如何保障学术规范的实施并未涉及；《教育部关于进一步改进高等学校哲学社会科学研究评价的意见》提出要"加强同行评价的社会监督"，但监督应是外部监督与内部监督相结合，才有可能取得较好的实效；很多高校虽然也制定了《哲学社会科学研究成果评价办法》等文件，但鲜有涉及评价监督的内容。这些都说明，目前在高校哲学社会科学创新能力评价中，评价主体的监督意识还不强。

9.1.2 内部监督体系不全

对高校哲学社会科学创新能力评价进行监督，离不开相应的内部监督体系。然而，由于高校哲学社会科学创新能力评价监督意识不强，目前针对高校哲学社会科学创新能力评价的内部监督体系尚未建立。国家高等教育主管部门（教育部、教育厅）尚缺乏对高校实施哲学社会科学创新能力评价全过程各个环节规范化的操作要求和行为监控。有些高校虽能结合各自的实际情况，制定出一些程式化的哲学社会科学创新能力评价体系，但大部分的评价体系对具体的评价流程操作是否达到规定的要求，如何确保达到规定的要求等缺乏统一的监控目标与监督措施。虽然各高校都有健全的纪检、监察部门，但这些部门的工作职责重点并不在哲学社会科学创新能力评价方面，甚至根本不涉及；高校哲学社会科学研究管理部门（如社科处）往往同时担负立项、评估、管理、监督、验收、考核等多重职能，既当运动员，又当裁判员；而高校建立的学术委员会，是一种学术评价机构，并不能履行监督的职能。内部监督体系的不健全，造成哲学社会科学创新能力评价监督主体不明确，责任不到位，针对高校哲学社会科学创新能力评价中存在的不当行为，没有一个监督主体能够对此负完全的责任。这些都表明，在当前的形势下，针对高校哲学社会科学创新能力评价的内部监督体系的完善、内部监督环境的营造，还有非常大的空间。

9.1.3 外部监督渠道不畅

要实现高校哲学社会科学创新能力评价的有效监督，还需要依托于多元的外部监督渠道。虽然，随着哲学社会科学的发展，社会公众对于高校哲学社会科学创新能力评价的关注度日益上升，也偶有新闻媒体对高校哲学社会科学创新能力评价发表意见，这在一定程度上履行了社会监督的职能。但是，总体来说，目前针对高校哲学社会科学创新能力评价的外部监督并不乐观。

一是社会公众对于高校哲学社会科学创新能力评价监督的观念非常淡薄，常抱着"事不关己、高高挂起"的态度，认为"研究与己无关"，对于评价的过程与评价的结果听之任之，也不关心自己在高校哲学社会科学创新能力评价方面的知情权、监督权。

二是专业学术协会监督还不健全，学术界存在着很多依托于高校科研人员的专业学术协会，专业学术协会承担着促进学术研究、推动专业学术繁荣与发展的重任，对高校哲学社会科学创新能力评价方面的监督是其应有之义，但很多专业学术协会对这一方面甚至表现出漠不关心或极不重视的态度。

三是舆论监督不完善，舆论监督本是社会监督中普遍而有效的监督方式，由于受媒体自身特点和其他方面因素的制约，很多新闻舆论机构不想也不敢揭露高校哲学社会科学创新能力中的相关问题，或是难以连续不断地对监督对象实施监督，从而使得监督效果大打折扣。

9.1.4 监督保障制度缺位

就监督工作来说，监督能否取得实效，主要是依赖于监督人员的主观能动性[①]。而主观能动性的激发，除了基于监督人员的敬业精神外，更主要的是依靠制度的力量，促使监督人员忠于职守、勤于工作，实现监督体系有效运作的强大威力和持久的内在推动力。由于我国高校在哲学社会科学创新能力评价监督中存在的监督意识不足、监督体系不全等问题，目前不可避免地存在制度缺陷，大部分高校并没有形成相应的规章制度，难以做到有章可循；就算有的高校针对哲学社会科学创新能力评价出台了相关的办法、要求、规范等，但关于哲学社会科学创新能力评价监督方面的内容少之又少，难以保证其监督效能的真正发挥，监督弹性很大。而从教育部、教育厅的层面来看，目前也没有形成与高校哲学社会科学创新能力评价相关的监督制度规范。由于监督保障制度的缺位，即使开展哲学社会科学创新能力评价监督活动，在实施监督的过程中，也容易造成各相关主体的职能不明确、权责不清晰，还容易滋生盲目性和主观随意性，监管工作极易出现缺位或错位，很难起到有效的监督制约作用。

9.1.5 监督技术相对滞后

按理说，互联网技术的发展与应用，应能为高校哲学社会科学创新能力评价监督提供新的平台与手段，推动内部监督和外部监督的有效实施。从我国目前在哲学社会科学创新能力评价监督的实际情况来看，虽然有"新语丝"之类的学术造假举报平台，"科学网"等网站也有针对科研成果评价的相关评论，但这样的网站相对于庞大的高校哲学社会科学研究人员来说，还显得太过稀少，通过互联网来对哲学社会科学创新能力评价进行监督的做法还没有被社会公众和有关机构广泛推广和采纳。互联网在传播方面的巨大影响力并没有在哲学社会科学创新能力评价监督中被充分挖掘出来，监督技术显得相对滞后。

9.2 高校哲学社会科学创新能力评价监督的基本原则

针对高校哲学社会科学创新能力评价监督，要想达到较好的监督效果，就应该坚持一定的原则。这些原则对高校哲学社会科学创新能力评价监督的实施起着指导和规范的作用。

---

① 严志，冯政清. 对建立研究生培养质量监督体系的思考［J］. 当代教育科学，2010（3）：38-40

9.2.1 合法性原则

对高校哲学社会科学创新能力评价进行监督，必须在国家和相关部门制定的各种法律、法令和规章制度的框架内进行，不得逾越法律法规的相关条文限制，监督行为必须有相应的法律法规依据，实现权利与义务的一致、职责与职权的统一。合法性原则，既是高校哲学社会科学创新能力评价监督主体的行为准则，也是实施高校哲学社会科学创新能力评价监督所必须遵循的原则。

9.2.2 系统性原则

高校哲学社会科学创新能力评价监督是一个系统工程，需要监督主体、监督对象、监督内容、监督模式、监督方式、监督责任等要素之间相互联结、有机结合。因此，对高校哲学社会科学创新能力评价进行监督应从系统的角度进行统筹兼顾、全面考虑，合理设计 Who（谁来监督）、Whom（监督谁）、What（监督什么）、How（如何监督）等要素。

9.2.3 广泛性原则

对高校哲学社会科学创新能力评价进行监督，不能仅仅依赖于某一单位或个体，而应充分实现监督的广泛性。一是监督主体的广泛性，既要有国家权力机关、司法机关、行政机关内部的监督，又要有学术共同体、评价机构、新闻媒介、社会公众等的监督。二是监督对象和范围的广泛性，应对涉及高校哲学社会科学创新能力评价的相关组织及其行为、个人及其行为进行监督。

9.2.4 公开性原则

对高校哲学社会科学创新能力评价进行监督、有效遏制评价过程中的不正之风，就要按照公开透明、民主监督的原则来推动高校哲学社会科学创新能力评价工作，不断提高高校哲学社会科学创新能力评价的公开程度。凡是涉及权力利益、研究主体切实利益的事项，且不属于国家安全和党与政府的核心机密以及必要保密的，都应以一定方式公开，实行民主监督，保证相关人员的知情权、参与权、监督权、选择权。

9.2.5 公正性原则

对高校哲学社会科学创新能力评价进行监督，不是为了打击报复，而是为了评价结果更趋向公正。因此，高校哲学社会科学创新能力评价监督工作必须以事实和法律为依据，重证据，重调查研究，不受感情和利害关系左右，形成充分、相关、可靠的监督调查结果和结论，做到客观公正地处理问题。

9.2.6 重点性原则

高校哲学社会科学创新能力评价监督既要遵循广泛性原则，确保监督工作的全覆盖；也要遵循重点性原则，确保在有限的监督资源内取得监督实效。一是要突出监督的重点对象，手握评价"生杀大权"的评审专家应是高校哲学社会科学创新能力评价监督工作的重中之重。二是要突出监督的重点环节，在高校哲学社会科学创新能力评价程序中的预评环节、评审环节应是监督的重点环节。通过重点监督带动监督的全面工作，才能有效预防不正当行为的发生。

9.2.7 满意性原则

高校哲学社会科学创新能力评价监督的结果应是一个大家能够普遍接受的结果，是一个各方面都能满意的结果。对高校哲学社会科学创新能力评价进行监督，必然涉及不同利益主体之间的矛盾，要让每一个利益主体都心满意足是不现实的，只要绝大多数人或机构感到满意既可。遵循满意性原则，意味着高校哲学社会科学创新能力评价监督的实效得到了社会认可，能够不断发现问题、解决问题，形成良性循环，促进高校哲学社会科学创新能力的保持与提升。

9.3 高校哲学社会科学创新能力评价监督体系的理想框架

高校哲学社会科学创新能力评价监督体系，是指整合内部监督、外部监督等监督资源，形成监督合力，对高校哲学社会科学创新能力评价起督促、制约作用的系列措施与制度所构成的有机整体，使监督工作渗透到高校哲学社会科学创新能力评价的每一个环节，实现监督工作的全方位、全过程和全覆盖。理想的高校哲学社会科学创新能力评价监督体系如图 9-1 所示。

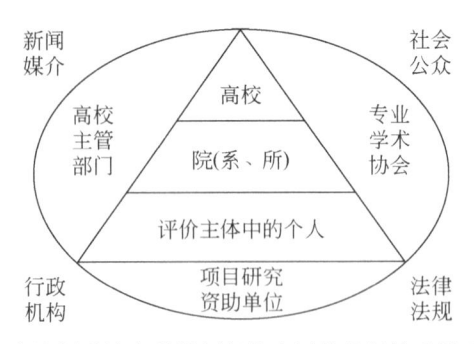

图 9-1 高校哲学社会科学创新能力评价监督体系的理想框架

从图 9-1 可以看出，理想的高校哲学社会科学创新能力评价监督体系，可以分为"三个监督层次、两个监督系统"。"三个监督层次"包括：

（1）高校内部的自我监督（三角形内部），是在一个具体的高校中，由高校、院（系、所）、研究人员三个层级所构成的高校内部封闭式哲学社会科学创新能力评价监督控制体系，研究人员的自律与自省、院（系、所）和高校制定的约束性规范，构成该监督层次的基础。

（2）高校哲学社会科学创新能力评价监督的三大主体监督层次（椭圆形以内、三角形以外部分），是高校主管部门（教育部、教育厅）、专业学术协会、项目研究资助单位基于不同的角度而展开的外部监督，是与高校哲学社会科学创新能力评价具有直接利益关系的监督主体。

（3）与高校哲学社会科学创新能力评价没有直接利害关系的其他社会环境的监督层次（椭圆形以外部分），包括社会公众、新闻媒介、法律法规、行政机构等基于对高校哲学社会科学创新能力评价的关注而进行的监督。"两个监督系统"，是指内部监督系统和外部监督系统。高校内部的监督属于内部监督系统，而高校主管部门监督、专业学术协会监督、项目研究资助单位监督、社会公众监督、新闻媒介监督、法律法规监督、行政机构监督则属于外部监督系统。内部监督系统是高校哲学社会科学创新能力评价监督取得实效的基础，外部监督系统是推动高校哲学社会科学创新能力评价趋于公平、公正、公开的动力。

9.4 优化高校哲学社会科学创新能力评价监督的基本思路

根据高校哲学社会科学创新能力评价监督的基本原则和理想的体系框架，针对当前在高校哲学社会科学创新能力评价监督中存在的问题，优化高校哲学社会科学创新能力评价监督的基本思路是：

第一，应激发对高校哲学社会科学创新能力评价进行监督的意识。"意识是行为的先导"，高校哲学社会科学创新能力评价监督中存在的种种问题，最根本和最核心的是监督意识的缺乏。因此，需要想方设法激发对高校哲学社会科学创新能力评价进行监督的意识，从意识层面上实现高校哲学社会科学创新能力评价监督的自觉与自醒，那么，无论是内部监督还是外部监督，都将发挥应有的作用。

第二，应实现对高校哲学社会科学创新能力评价的全过程监督。高校哲学社会科学创新能力评价过程包括三个阶段：评价前阶段、评价中阶段和评价后阶段，每一个阶段都存在着发生不当行为的可能性，都会影响到评价程序的公正和评价结果的公正。因此，对高校哲学社会科学创新能力评价进行监督，应是一种全过程的动态化监督，通过监督的规范作用、制约作用、强化作用和激励作用，尽可能地杜绝在高校哲学社会科学创新能力评价过程中的不当行为。

第三，应促进对高校哲学社会科学创新能力评价的多元化监督。高校哲学社会科学创新能力评价监督涉及多个监督主体，监督对象也非常广泛，单一的监督模式难以取得监督实效。因此，对高校哲学社会科学创新能力评价进行监督，应坚持以创新和质量为导向，实现行政监督、公众监督、学术共同体监督、舆论监督和自我监督相结合，网络监督与传统监督相结合，过程监督和随机监督相结合，从而促进全方位、多元化监督，真正建立起高校哲学社会科学创新能力评价的利益约束与激励体系。

第四，应建立高校哲学社会科学创新能力评价监督的长效机制。高校哲学社会科学创新能力评价监督是一项系统工程，无论是实现全过程监督，还是促进多元化监督，都需要通过一定的机制有效运作起来，来保证高校哲学社会科学创新能力监督过程中各个环节的顺利进行和监督工作的有效落实，有效遏止高校哲学社会科学创新能力评价中的不当行为。因此，需要通过建立健全高校哲学社会科学创新能力评价监督制度，树立正确的价值体系和行为规范，通过严密的工作程序和严格的责任追究作为制度执行的保障，拓宽高校哲学社会科学创新能力评价监督的途径、范围和渠道，确保高校哲学社会科学创新能力评价监督的长期化和效率化。

9.5 优化高校哲学社会科学创新能力评价监督的主要措施

优化高校哲学社会科学创新能力评价监督，应在坚持相关基本原则的基础上，围绕高校哲学社会科学创新能力评价监督的体系框架，遵循一定的思路，着重做好以下工作。

9.5.1 提高思想认识

权力只有在阳光下运行，其公信力才能得到广泛认可；有权力的地方，就离不开监督。对高校哲学社会科学创新能力进行评价，本身就是一种权力的运用，且涉及的主体众多，同样离不开监督。同时，高校哲学社会科学创新能力的强弱与水平直接决定了一个国家人文社会科学研究的强弱与水平，对于高校哲学社会科学的繁荣与发展至关重要。这就需要我们从落实科学发展观、建设创新型国家的高度来认识高校哲学社会科学创新能力评价监督问题，从促进哲学社会科学创新、推动高校教育科研发展的大局来认识高校哲学社会科学创新能力评价监督问题。加强对高校哲学社会科学创新能力成果评价的监督正逢其时，我们应该充分认识到加强高校哲学社会科学创新能力评价监督工作的重要性和紧迫性，加强高校哲学社会科学创新能力评价监督的宣传教育，不仅仅是要加强对高校哲学社会科学科研人员的宣传教育，也要重视对于高校主管领导、教育主管部门工作人员的教育，同时加强对社会公众的宣传教育，充分发掘不同阶层、不同角度、不同领域的监督力量。当社会各界对高校哲学社会科学创新能力评价监督重要性的认识提高后，将形成强大的监督合力，把高校哲学社会科学创新能力评价监督工作作为一项重要任务全面落实到位。

9.5.2 健全监督组织

高校哲学社会科学创新能力评价监督需要专门的监督机构来组织实施。监督机构的建立与健全，可以按照高校的管理层级来实现，即可以考虑在教育部、教育厅、高校、院（系）四个层级分别建立相应的监督机构。教育部可以设置全国高校哲学社会科学创新能力评价监督委员会，教育厅可以设置省（自治区、直辖市）高校哲学社会科学创新能力评价监督委员会，各高校可以设置本校的哲学社会科学创新能力评价监督委员会，各院（系）则相应设立院（系）级哲学社会科学创新能力评价监督小组。从独立性与公正性的角度出发，各级监督机构与同级别的学术委员会之间不应是隶属关系，而应是平行关系，这样才有利于哲学社会科学创新能力评价监督机构独立自主、公平公正地开展监督。各级哲学社会科学创新能力评价监督机构的权责范围也有所不同。全国高校哲学社会科学创新能力评价监督委员会全面负责全国高校哲学社会科学创新能力评价的监督规划、指导、执行、协调、反馈、培训工作，具有最终裁决权；省（自治区、直辖市）

级高校哲学社会科学创新能力评价监督机构主要是负责一省（自治区、直辖市）内高校哲学社会科学创新能力评价的监督规划、指导、执行、协调、反馈、培训工作，对无法解决的重大监督事项，上报到全国高校哲学社会科学创新能力评价监督委员会；校级哲学社会科学创新能力评价监督机构在总体上负责全校哲学社会科学创新能力评价的监督工作；院（系）级哲学社会科学创新能力评价监督小组主要负责本院（系）哲学社会科学创新能力成果评价的监督工作。

9.5.3 完善监督制度

高校哲学社会科学创新能力评价监督的"三个层次、两个监督系统"是一个有内在联系的有机系统，相互关联、相互影响，要形成有机的整合，则离不开相应的规章制度。没有制度保障，再完美的监督体系也无法落到实处。因此，需要针对当前高校哲学社会科学创新能力评价监督中存在的薄弱环节，制定全国统一的、能够反映高校哲学社会科学创新能力评价监督工作规律的高校哲学社会科学创新能力评价监督制度，对各种高校哲学社会科学创新能力评价中存在的不当行为的规范管理都明确进行规定，如"全国高校哲学社会科学创新能力评价监督机构的责任制度""全国高校哲学社会科学创新能力评价监督的信息反馈制度""全国高校哲学社会科学创新能力评价监督的实施制度""全国高校哲学社会科学创新能力评价监督的处罚制度""全国高校哲学社会科学创新能力评价监督的公开制度"等；在此基础上，各高校可根据本校的实际情况，进一步完善哲学社会科学创新能力评价监督办法和实施细则，做到职责明晰、职权明确，使哲学社会科学创新能力评价监督得到有效保障，更好地维护、规范和约束高校哲学社会科学创新能力评价活动，保证监督机制正常运转。

9.5.4 拓展监督渠道

从图 9-1 可以看出，高校哲学社会科学创新能力评价监督应实现内部监督和外部监督的整合，加强内部监督与外部监督之间的协调，形成全方位的监督体系。这也就意味着，高校哲学社会科学创新能力评价监督不能仅仅立足于基于高校行政隶属关系的内部监督，还应拓展专业学术协会、项目研究资助单位、社会公众、新闻媒介、法律法规、行政机构等外部监督渠道。在一个法制健全、行政组织机构健全的社会，法律法规监督、行政机构监督是社会的应有之义；更重要的则是要积极发挥评价主体的自我监督、专业学术协会监督和由社会公众与新闻媒介等构成的社会监督。评价主体的自我监督，就是通过加强哲学社会科学研究人员、评价人员、管理人员（三者在某些情境下有重合）学术道德建设和规章制度建设，提高哲学社会科学创新能力研究评价监督对象中个体的自律性，培育哲学社会科学创新能力评价监督对象中个体慎独正德、省己修身的优秀品质，正确引导和规范哲学社会科学创新能力评价监督对象中个体的科研与评价工作，正确处理眼前利益与长远需要、个人成长与事业发展的关系，自觉抵御不正之风的侵蚀。专业学术协会的成员在学术理念、学术精神、学术关怀、学术操守方面有一个相互的认同和行为规范，专业学术协会监督可以就哲学社会科学创新能力评价过程中的不当行为主体进行惩戒，采取诸如将其排除到学会之外、发出公告等具体惩戒措施。社会监督能够充分利用报刊、电视广播、互联网的强大辐射作用，弘扬正气、抨击时弊、促进管理、改进工作，对高校哲学社会科学创新能力评价中的不当行为主体形成巨大的舆论压力，营造学术舆论氛围，规范和引导哲学社会科学创新能力评价主体的行为。

9.5.5 明确监督重点

高校哲学社会科学创新能力评价监督工作千头万绪，切不可"眉毛胡子一把抓"，而应重点突出，提高监督工作的合理性与实效性。任何一个评价主体的不当行为都将发生在评价环节的某一阶段，因此，对评价过程进行监督是优化高校哲学社会科学创新能力评价监督体系的中心环节。对高校哲学社会科学创新能力评价过程进行监督，重点是监督三个方面：

一是监督评价程序的公正性。程序公正是在社会机构调节分配的过程中，个体对其所用的程序要素是否公正的感知[①]。需要就高校哲学社会科学创新能力评价程序是否能够实现主体平等、实质参与、价值中立、程序理性、程序公开和程序自治进行监督，优化高校哲学社会科学创新能力评价流程，保证相关利益主体的知情权与参与权，推动哲学社会科学创新能力评价在正确的轨道上运行。

二是监督评价标准的合理性。哲学社会科学创新能力评价的标准主要有真理性标准和价值性标准，其中真理性标准强调研究的科学性、延续性、创新性、完备性；价值性标准强调研究的理论价值、政治价值、伦理价值、人文价值和经济价值[②]。合理的评价标准，应能反映研究主体的意志、利益和需求，同时也要符

---

① Leventhal G S, Karuza J, Fry W R. What should be done with equity theory? New approaches to the study of fairness in social relationships [A]. Gergen K, Greenberg M, Willis R. Social exchange [C]. New York: Plenum Press, 1980: 27-55

② 邱均平，谭春辉，任全娥. 人文社会科学研究评价的理论与实践（上）[M]. 武汉：武汉大学出版社，2012：118-119

合评价对象自身的客观发展规律，以真理性标准为主、价值性标准为辅。哲学社会科学创新能力评价标准一经公开，本身就是对评价活动的监督。因此，需要加大对评价标准合理性的监督，评价标准的制定不能由一两个专家"一言堂"，应在学术民主的基础上，经过多次研讨而拟定。

三是监督评价过程的公开性。高校哲学社会科学创新能力评价过程的公开，意味着在评价过程中的每一个环节，每一个评委的评价意见都能至于公众的监督之下，评价委托方、被评价方和社会公众都有权在遵守法律法规的前提下对评价过程、评价标准、评价方法、评价指标、评价意见等提出质询与质疑。评价过程公开的实现，离不开强制性的约束，而刚性的监督正是一种强制的约束。

9.5.6 提升科技含量

在进入电子化、信息化时代的今天，技术手段的应用在高校哲学社会科学创新能力评价监督中的作用是其他手段无法取代的。为此，需要不断提升高校哲学社会科学创新能力评价监督的科技含量。加大高校哲学社会科学创新能力评价监督的科技含量，就是要加快现代化监督技术的应用，更新监督手段和创新监督方法，使高校哲学社会科学创新能力评价监督在现代科技的应用上能跟上时代发展的步伐，利用现代信息技术手段提高监督工作效能。

9.6 结语

加强高校哲学社会科学创新能力评价监督工作，已成为社会的一种共识。目前要结合实际，建立健全高校哲学社会科学创新能力评价监督体系，充分发挥各监督主体的作用，综合运用各种监督方式，积极稳妥地推进高校哲学社会科学创新能力评价机制建设，用监督来保障高校哲学社会科学研究的健康发展与繁荣发展。

第 10 章

高校哲学社会科学创新能力评价机制的保障体系

在科研评价管理的实践过程中，高校哲学社会科学创新能力评价机制由于各种内外部因素的影响，经常出现"失效、失灵"的现象，这就迫切地要求我们构建一套全面系统的高校哲学社会科学创新能力评价机制的保障体系，确保评价机制能够持续高效运行，为我国哲学社会科学繁荣发展保驾护航。

10.1 高校哲学社会科学创新能力评价机制保障体系的价值

在高校哲学社会科学创新能力评价机制的运行过程中,建立相应的保障体系,具有重要的价值。

1)有利于促进高校哲学社会科学的持续繁荣发展

哲学社会科学的繁荣与发展,离不开科学、客观、公正、合理的评价机制,而高校哲学社会科学创新能力评价机制的健康有效运行,与之配套的内外部保障体系是不可或缺的组成部分。设计再科学的管理机制,如果没有成熟完备的实施条件,也只能是"纸上谈兵",不可能取得预期效果。因此,只有构建一套长效的高校哲学社会科学创新能力评价机制保障体系,才能保证哲学社会科学研究的学术、学科、人才评价活动健康、有序地开展,才能真正促进具有中国特色、中国风格、中国气派的哲学社会科学的繁荣发展。

2)有利于提高高校科研管理的科学化和规范化水平

哲学社会科学创新能力是科研管理工作的重要组成部分。通过构建科学合理的高校哲学社会科学创新能力评价机制的保障体系,能够保证评价中规则的公平,就可以最大限度地扫除目前高校哲学社会科学创新能力评价机制运行的障碍因素,保障所有科研工作人员拥有平等的权利和机会,促进科研资源实现优化分配,从而不断提高科研管理的科学性、针对性和有效性。

3)有利于促进高校社科成果的转化和应用

哲学社会科学作用的正确发挥,离不开其成果在社会各领域、各层面的转化和应用。但是,目前由于各种内外因素的制约,造成高校哲学社会科学创新能力的转化水平和质量整体处于较低的水平。可以从管理、社会、技术以及人文的角度提供有力的保障措施,营造良好的创新环境,鼓励创新,特别是原始性创新,同时理论与实践相结合,推动经过鉴定和评审的优秀成果的推广和应用,从而充分发挥其经济效益和社会效益。

4)有利于发现和培育优秀人才队伍

任何学科的繁荣和发展,都离不开一支热爱祖国、具有强烈使命感、学术作风严谨、理论功底扎实、富有创新精神的高素质学术队伍,加强高校哲学社会科学创新能力评价机制保障体系中的激励和约束制度建设,既有利于形成崇尚诚实劳动、鼓励科研创新、遵循学术道德、保护知识产权的良好氛围,又有利于保护科研人员的积极性、主动性、创造性,推动国内外科研人员之间的合作和交流,逐步形成哲学社会科学人才辈出、人尽其才的良好局面。

5）有利于促进科研诚信和学风建设

近年来，我国高校哲学社会科学进入了一个快速发展的阶段，众多研究成果相继问世，但也屡屡发生科研违规、学术抄袭、以量代质等学术失范与学术腐败现象，学术公信力不断下降。通过建立高校哲学社会科学创新能力评价机制人文方面的保障措施，从道德层面进行约束，可以规范、净化和提升科研人员的职业道德素质，进而彰显正确的价值观和科学精神，规范学术行为，讲究科研诚信，强调学风建设，引导学术研究健康发展。

10.2 评价机制保障体系的总体框架

美国历史学家马兹利什（Mazlish，B.）认为科学的质量评价主要来自于学术界内部和社会外部，"内部质量"是指学术同行对研究成果的学术价值与影响进行评价，科学的"外部质量"则可以看成是该研究成果对提高人民生活水平所作出的贡献大小[①]。换而言之，研究成果的质量好坏、价值大小一般要接受"内部质量"和"外部质量"的检验，而高校哲学社会科学创新能力评价机制作为整个科学评价的有机组成部分，其运行的好坏与内部因素和外部条件是密不可分的，从内部因素来看，主要涉及科研管理政策、制度、法律法规以及相应的评价技术，从外部条件看，一般指社会评价管理和监督以及人文道德环境等方面。基于此，构建的高校哲学社会科学创新能力评价机制保障体系的总体框架如图10-1所示。

10.3 评价机制保障体系的具体构建策略

根据图10-1，可以从管理、技术、社会、人文四个视角对高校哲学社会科学创新能力评价机制的保障体系全方位多层次地分析，以理顺研究成果评价中各方之间的利益关系，化解相互之间的矛盾，促进高校哲学社会科学持续健康繁荣发展。

---

① 邱均平，任全娥. 国内外人文社会科学研究成果评价比较研究［J］. 国外社会科学，2007（3）：58-66

第10章 高校哲学社会科学创新能力评价机制的保障体系

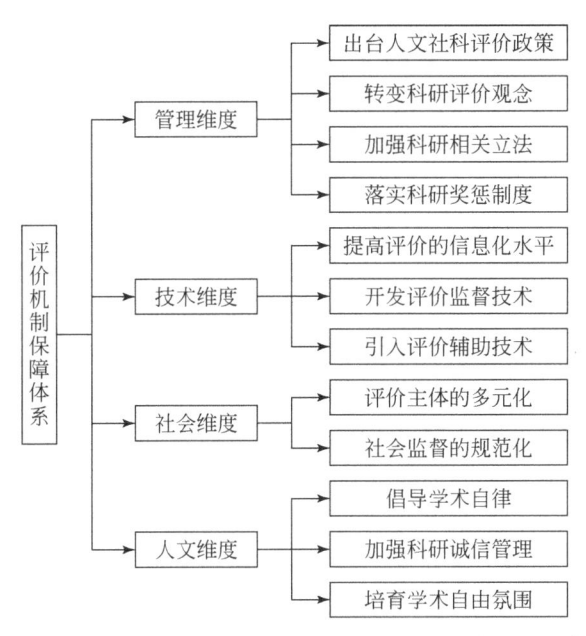

图 10-1 高校哲学社会科学创新能力评价机制保障体系的总体框架

10.3.1 管理维度

从管理维度看，笔者认为任何管理方法都离不开宏观政策、管理体制、法律法规、具体制度措施等几个方面，针对高校哲学社会科学创新能力评价来说，具体可以从宏观层面的科技教育政策规划制定、科研管理体制的改革和完善、科研活动的法制化建设以及科研奖励和惩罚制度的落实等方面对评价机制的运行进行有效的保障。

1）出台哲学社会科学评价政策

哲学社会科学创新能力评价管理作为科教管理体系中的重要一环，发挥着反馈、控制、协调、激励、约束等功能，而这些功能的有效发挥首先需要以宏观政策为指导。目前有关高校哲学社会科学发展的相关政策，主要有中共中央提出的《关于进一步繁荣发展哲学社会科学的意见》、教育部提出的《关于进一步改进高等学校哲学社会科学研究评价的意见》、《高等学校哲学社会科学"走出去"计划》和《高等学校哲学社会科学繁荣计划（2011～2020年）》，这些政策是开展高校哲学社会科学创新能力评价的总体指导纲领。只有全面规划科学的宏观科教政策，充分发挥其导向作用，才能保证哲学社会科学创新能力评价机制正确的发展方向。

2) 转变科研管理理念

当前"行政干预过多"的研究成果评价体制,严重弱化了学术评价与社会大众评价的力量,很难持续调动科研创新的积极性,而且成果转化推广利用的后劲普遍不足。针对这种情况,笔者认为可以通过建立柔性科研组织结构,将科研管理的重心下移,扩大中层和基层科研学术组织的权力,最终形成"中上下"的科研管理模式,可以避免权利高度集中和过于散漫带来的效率和效益低下问题。除了管理模式之外,完善的人才引进机制、遴选机制、激励机制、竞争机制、流动机制也是评价机制有效运行的重要外部保障[①]。

3) 加强科研相关立法

由于受到我国传统思想文化的影响,我国高校的科研管理法制化仍然处于较低的水平,特别是人文社会科学尤为突出。目前还没有正式的法律法规文件来明确规定,高校人文社会科学研究的职能定位,科研工作者的职业操守,研究成果的评价标准和知识产权保护等方面的问题。以知识产权保护为例,由于相关保护制度不健全,导致高校大量知识产权流失,给国家和高校的科研工作都造成了巨大损失。因此必须通过加强哲学社会科学相关立法工作,以及法制化的制度为高校哲学社会科学创新能力评价机制提供强有力的评价依据和法律环境。

4) 落实科研奖惩制度

高校常见的激励方式有晋升职称、科研奖励和津贴等,此类激励方式只能在短期内有效,而且以个人为单元的奖励往往容易造成科研人员之间的对立冲突,挫伤相互间的科研合作积极性。另外我国高校对于学术违纪行为的处理,一般只限于道德谴责和追回奖励所得、撤销学术成果、解除聘用合同等行政处罚,缺乏相应的法律问责。针对上述情况,我们应该创新科研激励机制和严格学术违纪惩处力度,内外兼顾,创造良好的评价氛围。

10.3.2 技术维度

评价目的的顺利实现必须依靠一定的技术手段,特别是在信息化、数字化、网络化的时代背景下,高校的科研评价管理手段、方法不能故步自封,要随着相关技术的进步而不断革新,为高校哲学社会科学创新能力评价机制运行效率的提高辅以技术上的保障。

1) 提高评价的信息化水平

研究成果评价信息化是指在评价的各个环节中充分利用现代信息技术、信息

---

① 韩锦标. 创新高校科研管理体制的路径浅析 [J]. 中国高校科技与产业化, 2011 (4): 36-37

资源和环境，建立科研评价信息网络系统，优化研究成果评价模式，不断提高科研评价工作的效率和水平[①]。通过评价信息网络系统开展哲学社会科学创新能力评价工作，可以进一步规范科研评价程序，客观上也减少了人为或"行政因素"干预的机会，为营造公平公正的评价环境提供重要的保障。同时利用网络的平台优势，还可以推进不同高校开展校际间哲学社会科学创新能力互评，以及校内与民间社会学术团体机构评价相结合，对于提高高校哲学社会科学创新能力评价的公开透明度和社会认可度具有重要意义。

2) 引入评价辅助技术

目前关于科研评价定量分析的工具技术相对比较成熟，大多是基于科学计量学、文献计量学、情报计量学的论文数据库，通过影响因子、引用频次、引用半衰期等指标来反映研究成果或科研工作人员的学术水平。如针对哲学社会科学学科的引文索引数据库，国际上主要有 SSCI、A&HCI、CPCI-SSH（旧称 ISTP）等，国内主要以 CSSCI 为主，虽然上述引文数据库存在一定程度上的缺陷，但该做法目前在国内外科研学术评价中已得到普遍认可和使用。通过不断研发和引入先进的评价辅助技术，不仅可以大大提高研究成果评价工作的效率，而且能够提升高校哲学社会科学创新能力评价整体的客观性、公平性以及公开透明性。

3) 开发评价监督技术

评价监督作为高校哲学社会科学创新能力成果评价机制三维框架中的有机组成部分，除了要在制度上加强审计监督外，还可以通过充分开发和利用评价监督技术来制约学术腐败行为，真正地实现"把评价权利关进评价机制的牢笼里"。目前在研究成果评价实践过程中，许多评价监督技术被开发出来甚至已经投入使用，对于提高高校哲学社会科学创新能力评价监督的质量和效果产生了明显作用。例如，科研评价信息网路系统、反剽窃检测软件、评审专家数据库、随机专家遴选技术、学术信誉电子档案等，较好地担任了评价监督中的"安全卫士"。

10.3.3 社会维度

哲学社会科学的本质决定了其研究成果的社会属性，更应该接受实践的检验和广大人民群众的监督，对于其价值的评价应该主动走出校门，接受多元主体的评价，特别是与高校哲学社会科学创新能力评价没有直接利益关系的间接和外部利益相关者，以此来保证更加公平公正的评价结果。

---

① 张喜爱，曾庆平，等. 浅论高校科研管理信息化中的问题和对策 [J]. 科技管理研究，2008 (9): 262-264

1) 评价主体的多元化

高校哲学社会科学创新能力评价是一项系统工程，不仅仅是高校科研管理部门简单地对研究成果进行数量统计，其中涉及多个层面的利益相关者，如高校科研管理部门、书刊出版机构、学术共同体、专门的评价中介机构、国家科教管理部门、高校科研人员、高校在读硕博研究生、高校各院系、研究成果运用者、研究成果受用者和社会受众等，因此评价主体的选择就不能局限于高校科研行政管理者，应该全面考虑各种利益相关的组织机构或个人。

2) 社会监督的规范化

通过建立和实施学术评价结果公示制、评审责任制和责任追究制等措施，高校校内学术监督成为学术防腐的第一道"防火墙"，在实践过程中取得了良好效果，然而随着"学术利益链条"的不断固化，校内学术监督很难发挥原有的效果。因此，笔者认为需要进一步引入社会评价监督主体，成立全国性的民间学术监督机构，对全社会监督力量进行整合和优化，化零散性监督为常规性监督，充分发挥社会公众的监督积极性与天然优势。

10.3.4 人文维度

良好的社会人文环境，是高校哲学社会科学创新能力评价机制顺畅运行的前提条件，笔者认为评价机制保障体系中的人文维度可以重点从学术自律、科研诚信、学术自由三个角度进行分析。

1) 倡导学术自律

目前高校学术不端事件屡见不鲜，然而要解决这个问题，不仅需要从规章制度建设上努力，也要加强培养学术自律意识。由于学术活动探究规律和探索真理的目的，以及自由思考、自由创新的特征，决定了很难用条条框框的规章制度来保证学术的不断创新和发展，这就需要我们从思想意识出发，采取一定的措施唤起学术人员的羞耻意识，形成学术人员的敬畏意识，激发学术人员的成就意识，这样才能逐步引导科研工作者加强学术自律，使自身的学术活动始终符合学术伦理[1]。除了科研工作者要加强学术自律外，众多出版社、期刊杂志社、高校学报管理部门以及国内外知名的引文数据库机构也要强化自身的学术自律，为营造健康和谐的学术环境贡献力量。

2) 加强科研诚信管理

科研诚信立法是加强科研诚信管理的重要手段，也是解决科研诚信问题根本

---

[1] 罗志敏. 学术人尤其需要自律意识[N]. 人民日报，2011-02-15

性举措，就目前情况来看，我国科技部、中国科协、教育部及一些大学虽然出台了很多科学道德规范，一定程度上也起到了指导和警示作用，但是笔者认为当前的科研诚信违纪处罚力度总体过轻，非常有必要制定专门的科研诚信法，成立国家层面的科研诚信委员会，依法进行诚信监督、审查与处理，确立法治的威慑力。

3）培育学术自由氛围

学术自由是高校追求的核心理念，也是其立足之根基。高校哲学社会科学的学术研究需要一个自由的环境，才能达到"百花齐放，百家争鸣"的繁荣局面。笔者认为要培育学术自由氛围需要从以下几方面着手：加快教育"去行政化"步伐；减少学术审批和弱化等级学术；降低学术机构的组织化程度；放宽学术评价的时间尺度和数量标准。只有这样才能最大限度地减少科研工作人员所承受的外部程序压迫，给学者以较大的支配空间，使自己能沉浸于学术创造之中，实现"宁静致自由，自由成学术"。

10.4 结语

在科研评价管理长期实践过程中，由于受到各种内外部因素的制约，高校哲学社会科学创新能力评价机制经常会出现"失灵、失效"的尴尬境遇，无法发挥其应有的功效，究其原因，就在于评价机制运行中缺少一套完备科学的保障体系。基于此，我们首先明确了我国高校哲学社会科学创新能力评价机制的基本内涵，分析了构建评价机制保障体系对于高校哲学社会科学发展的重要价值，然后提出构建高校哲学社会科学创新能力评价机制保障体系的基本研究思路，重点理清了构建保障体系所面临的评价机制内部和外部环境问题，设计出评价机制保障体系的总体目标和基本原则，并在其指导下提出我国高校哲学社会科学创新能力评价机制保障体系的总体框架结构，分别从管理、技术、社会和人文四个维度提出了具体的保障措施，力求从全方位消除阻碍评价机制有效运行的因素，为实现高校哲学社会科学创新能力评价机制公平公正合理地运行创造健康有序的内外部环境，促进高校哲学社会科学持续繁荣发展，为全面建成小康社会提供更强大的精神动力和更深厚的智力支撑。

参 考 文 献

艾米顿. 1998. 知识经济的创新战略：智慧的觉醒 [M]. 北京：经济管理出版社
敖长林, 王洪彬, 孙景范. 1997. 灰色关联度分析原理在畜牧业中的应用 [J]. 饲料博览, (2)：23-24
白云鹏, 陈永健. 2007. 常用水环境质量评价方法分析 [J]. 河北水利, (6)：23-24
蔡瑛. 2004. 信息资源与社会科学研究创新 [J]. 东岳论丛, (5)：194-197
常玉, 刘显东. 2002. 层次分析、模糊评价在企业技术创新能力评估中的应用 [J]. 科技进步与对策, (9)：125-127
陈宏辉. 2000. 利益相关者利益要求：理论与实证研究 [M]. 北京：经济科学出版社
陈宏辉, 贾生华. 2004. 企业利益相关者三维分类的实证分析 [J]. 经济研究, (4)：85-90
陈若松. 2005. 论创新能力的构成要素及其功能 [J]. 湖北社会科学, (1)：96-98
陈守煜. 1994. 系统模糊决策理论与应用 [M]. 大连：大连理工大学出版社
陈卫平. 2004. 理论创新·评价公正·知识普及 [J]. 学术界, (6)：17-26
茨威尔. 2002. 创建基于能力的企业文化 [M]. 王申英, 等译. 北京：华夏出版社
邓聚龙. 1987. 灰色系统基本方法 [M]. 武汉：华中工学院出版社
邓聚龙. 1993. 灰色控制系统 [M]. 第二版. 武汉：华中理工大学出版社
邓聚龙. 2002. 灰理论基础 [M]. 武汉：华中科技大学出版社
邓咏梅. 2004. 汽车行业上市公司经营绩效评价 [J]. 科技进步与对策, (11)：104-106
段继扬. 1999. 创造性教学通论 [M]. 长春：吉林人民出版社
多纳德逊, 邓非. 2001. 有约束力的关系：对企业伦理学的一种社会契约论的研究 [M]. 赵月瑟译. 上海：上海社会科学院出版社
范金城, 梅长林. 2002. 数据分析 [M]. 北京：科学出版社
傅立. 1992. 灰色系统理论及其应用 [M]. 北京：科学技术文献出版社
高德胜. 1999. 制约高校创新人才培养的几个问题 [J]. 黑龙江高教研究, (6)：84-87
韩锦标. 2011. 创新高校科研管理体制的路径浅析 [J]. 中国高校科技与产业化, (4)：36-37
韩启德. 2009-10-29. 学术共同体当承担学术评价重任 [N]. 光明日报
何文章, 郭鹏. 1999. 关于灰色关联度中的几个问题的探讨 [J]. 数理统计与管理, (3)：25-29
何晓群. 1998. 现代统计分析方法和应用 [M]. 北京：中国人民大学出版社
何正平, 胡燕. 2009. 从西方程序公正的演进逻辑看我国程序公正的制度建设 [J]. 四川师范大学学报（社会科学版）, (2)：54-59
胡凯, 阳太. 2004. 刍论我国人文社会科学创新的平台建设 [J]. 中南大学学报（社会科学版）, (2)：157-160

参考文献

胡永宏，贺思辉．2000．综合评价方法［M］．北京：科学出版社
吉尔福特．1991．创造性才能［M］．施良方，唐晓杰，等译．北京：人民教育出版社
纪宝成．2003．创新与人文社会科学的发展［J］．中国人民大学学报，（3）：5-8
匡晖．2004．论我国IT产业的发展策略［J］．现代管理科学，（6）：36-38
李翠娟，宣国良．2006．集群合作下的企业信息流动分析［J］．情报科学，（5）：659-662
李惠国．2006．关于增强自主创新能力建设创新型国家的几点思考［J］．学术探索，（2）：28-35
李金明．2001．企业创新能力的分析模型［J］．东北大学学报，（2）：27-30
李蕾．2004．创新能力的四要素及其培养途径［J］．职教论坛，（12）：4-6
李醒民．2006．价值的定义及其特性［J］．哲学动态，（1）：13-18
李艳双，等．1999．主成分分析法在多指标综合评价方法中的应用［J］．河北工业大学学报，（1）：28-31
李玉珍，王宜怀．2005．主成分分析及算法［J］．苏州大学学报，21（1）：32-36
李兆友．2001．技术创新主体论［M］．沈阳：东北大学出版社
林晓婉．2004．程序公正及其心理机制［J］．心理科学进展，（2）：264-272
刘杰梅，王华．2005．高等教育评价中介机构探析［J］．高等教育研究，（13）：103-104
刘彦昌．2001．社会科学理论创新及其路径选择［J］．理论与改革，（6）：36-38
罗志敏．2011-02-15．学术人尤其需要自律意识［N］．人民日报
孟建伟．2005．创新文化与科学观的转变［J］．中国人民大学学报，（4）：17-23
欧庭高．2006．不确定性视野中的科技创新文化［J］．中国人民大学学报，（6）：128-134
欧阳康．2006．发展创新能力，提高研究质量［J］．中国高等教育，（7）：27-29
潘懋元，刘振天．1999．发挥大学中心作用，促进知识经济发展［J］．教育研究，（6）：28-33
钱学森，等．1978-09-27．组织管理的技术：系统工程［N］．文汇报
秦宣．2002．繁荣哲学社会科学的关键在理论创新［J］．探索，（1）：59-63
秦艳琳，张群娇．2002．国家创新能力的模糊综合评价［J］．安阳师范学院学报，（5）：76-77
邱均平，任全娥．2006．我国人文社会科学研究成果评价研究进展［J］．情报资料工作，（4）：10-15
邱均平，任全娥．2007．国内外人文社会科学研究成果评价比较研究［J］．国外社会科学，（3）：58-66
邱均平，王菲菲．2010．社会科学研究成果综合评价方法研究［J］．重庆大学学报（社会科学版），（1）：110-114
邱均平，文庭孝．2005．评价学：理论、方法、实践［M］．北京：科学出版社
邱均平，谭春辉，任全娥．2008．我国人文社会科学评价机制的研究现状与三维框架［J］．科技进步与对策，（2）：138-141
邱均平，谭春辉，任全娥．2012．人文社会科学研究评价的理论与实践（上）［M］．武汉：武汉大学出版社
任全娥．2009．人文社会科学研究成果评价主体研究［J］．社会科学管理与评论，（2）：45-46
桑玉成．2006．努力营造社会科学创新的体制环境［J］．复旦教育论坛，（2）：8-10

沈菊华. 2005. 我国区域科技创新能力评价体系的研究和应用［J］. 经济问题,（8）: 27-29

舒尔茨. 1990. 人力资本投资: 教育和研究的作用［M］. 蒋斌, 张蘅译. 北京: 商务印书馆

斯塔姆. 2004. 创新力［M］. 刘寅龙译. 北京: 高等教育出版社

宋志斌. 2003. 论社会科学的理论创新［J］. 宁夏社会科学,（6）: 4-6

粟婕, 邵培基. 2007. 主成分分析法在上市公司盈利能力评价中的应用［J］. 电子科技大学学报（社科版）,（2）: 12-14

谭春辉. 2013. 高校人文社会科学研究成果评价机理研究: 基于利益相关者的视角［J］. 社会科学管理评论,（2）: 17-18

谭春辉. 2013. 高校人文社会科学研究成果评价监督优化研究［J］. 情报资料工作,（3）

唐承业. 2007. 第三讲创新能力（之一）［J］. 中国教育技术装备,（2）: 71-74

万建华. 1998. 利益相关者管理［M］. 深圳: 海天出版社

王佳. 2005. 中小企业技术创新能力评价研究［D］. 西安理工大学学位论文

王淑珍, 等. 2001. 湘资产评信统计与预测（下册）［M］. 北京: 中国财政经济出版社

王晓丽. 2008. 关于人文社会科学评价程序的思考［J］. 科技管理研究,（8）: 283-284

魏和平. 挑战杯是中国创造的一个无形"硅谷"［N］. 中国青年报, 2007-11-16

吴树青, 卫兴华, 洪文达. 1993. 政治经济学（资本主义部分）［M］. 北京: 中国经济出版社

夏彼洛. 2003. 永续创新［M］. 杨钢, 林海译. 北京: 电子工业出版社

肖秋惠, 邱均平. 2004. 人文社会科学的合理性及其评价原则［J］. 图书情报知识,（3）: 12-14

熊彼特. 1990. 经济发展理论［M］. 何畏, 等译. 北京: 商务印书馆

徐辰雪, 常慧宁. 2011. 360度绩效考评的误用［J］. 企业管理,（7）: 34-35

徐冠华. 2001. 推动原始性创新培养创新型人才［J］. 中国基础科学, 15（2）: 4-10

徐冠华. 2003-11-06. 重视创新文化增强国家原始创新能力［N］. 人民日报

徐雁龙. 2006-10-13. "交叉科学时代", 交叉科学身安何处?［N］. 科学时报

徐元俊, 钟昌振. 2012. 对高校社会科学成果评价主体与动机的探讨［J］, 湖北广播电视大学学报, 32（8）: 122-123

徐志良, 等. 2003. 战略网络中的嵌入关系及其特征和影响分析［J］. 科技进步与对策,（10）: 11-12

许福永, 申健, 李剑英. 2005. 基于AHP和ANN的网络安全综合评价方法研究［J］. 计算机工程与应用,（29）: 127-129

严志, 冯政清. 2010. 对建立研究生培养质量监督体系的思考［J］. 当代教育科学,（3）: 38-40

阎立钦, 等. 1999. 创新教育: 面向21世纪我国教育改革与发展的抉择［M］. 北京: 教育科学出版社

杨家栋, 秦兴方. 2001. 社会科学研究成果的评价及其指标体系［J］. 齐鲁学刊,（2）: 122-129

尹成湖, 等. 2005. 创新的理性认识及实践［M］. 北京: 化学工业出版社

俞立平, 潘云涛, 武夷山. 2009. 学术期刊评价中不同利益主体关系研究. 科技政策与管理

[J],（5）：45-46

俞立平．2011．科技评价方法基本理论研究：多属性评价面面观［M］．北京：学习出版社

虞晓芬，傅珙．2004．多指标综合评价方法综述［J］．统计与决策，（11）：119-120

喻承久，张勇．2005．论社会科学成果及其划分［J］．空军雷达学院学报，（1）：73-75

袁贵仁．2004．大力推进科研管理创新，全面提升高校哲学社会科学研究能力［J］．中国高等教育，（17）：9-13

袁勇志．2003．创新行为与创新障碍［M］．上海：上海三联书店

袁振国．2006．论高校哲学社会科学创新的形式与方法创新［J］．中国高等教育，（17）：16-18

曾海鹰，丘林英，阎勇．2006．基于主成分分析法的企业可持续创新能力的调研及分析［J］．软科学，（6）：102-105

曾良怀．2002．试论创新的系统性［J］．理论建设，（4）：21-24

张国良，陈宏民．2007．关于组织创新性与创新能力的定义、度量及概念框架［J］．研究与发展管理，（1）：42-50

张浩，冯林．2004．主成分分析法在高校科技创新能力评价中的应用［J］．武汉理工大学学报·信息与管理工程版，（6）：157-161

张宏志．2002．利益相关者间的谈判与企业治理结构［J］．经济研究，（6）：55-56

张慧颖，张卫滨，张颖春．2007．哲学社会科学学术成果评价方法的比较研究［J］．理论与现代化，（1）：108-113

张建华．2000．创新、激励与经济发展［M］．武汉：华中理工大学出版社：10-18

张婕．2006．高等学校战略管理的若干基本问题［J］．教育研究，（11）：35-40

张珏．2001．也谈高水平大学及其社会贡献［J］．黑龙江高教研究，（6）：4-8

张敏瑞，李国民．2004．非线性理论与创造性思维方式［J］．西北大学学报（哲学社会科学版），（3）：89-94

张曙光．2003．理论创新：时代的要求和问题［J］．中国社会科学，（1）：83-85

张喜爱，曾庆平，等．2008．浅论高校科研管理信息化中的问题和对策［J］．科技管理研究，（9）：262-264

张晓．2009．利益相关者综述［J］．经济研究导刊，（2）：10-11

张晓敏．2004．哲学社会科学创新的本质及规律探讨［J］．河南师范大学学报（哲学社会科学版），（3）：16-18

张晓敏．2005．哲学社会科学创新要素分析［J］．河南师范大学学报（哲学社会科学版），（6）：45-48

张燚．2009．高校利益相关者理论的研究现状及趋势［J］．高教发展与评估，（6）：16-20

张燚，张锐．2006．高校利益相关者管理：一个研究框架［J］．科技管理研究，（3）：129-131

张燚，黄婷．2009．高校与利益相关者互动发展的关系模式研究［J］．江苏高教，（1）：60-61

赵红霞，刘伟平．2006．森林旅游资源评价方法对比分析研究［J］．林业经济问题，（2）：116-119

赵敏娟. 1999. 保持耕地总量动态平衡的经济解释［J］. 西北农业大学学报,（5）：28-31

钟洪, 李超玲. 2007. 基于 AHP 的大学利益相关者权重研究［J］. 科技管理研究,（9）：120-122

周爱兵. 2004-04-20. 大力推进哲学社会科学创新发展［N］. 光明日报

朱孔来. 2004. 国民经济和社会发展综合评价研究［M］. 济南：山东人民出版社

朱作仁. 1992. 教育辞典［Z］. 南京：江苏教育出版社

Brown B. 1987. Delphi Process：A Methodology Used for the Elicitation of Opinions of Experts［M］. The Rand Corporation

Charkham J. 1992. Corporate governance：Lessons from abroad［J］. European Business Journal,（2）：131-154

Christensen C M, Raynor M E. 2003. The Innovator's Solution：Creating and Sustaining Successful Growth［M］. Boston：Havard Besiness School Press

Feldhusen J F. 1995. Creativity：a knowledge base meta-cognitive skills and personality factors［J］. Journal of Creative Behavior,（4）：

Fiol M C. 1996. Squeezing harder doesn't always work：Continuing search for consistency in innovation research［J］. Academy of Management Review,（21）：1012-1021

Freeman. 1984. Strategic Management：A Stakeholder Approach. Boston：Pitman Publishing

Frolov I. 1987. Interaction between Science and Humanist Values［A］//Social Science Today：Editorial Board. Science As a Subject of Study［C］. Moscow：Nauka Publishers

Furman J L, Porter M, Stern S. 2002. The determinants of national innovative capacity［J］. Research Policy, 31：899-933

Jackson E A. 1989. Perpectures of Nonlinear Dynamics［M］. Cambridge：Cambridge University Press

Lall S. 1992. Technological capabilities and industrialization［J］. World Development, 20（2）：165-186

Leventhal G S, Karuza J, Fry W R. 1980. Beyond Fairness：A Theory of Allocation Preference［A］// Mikula G. Justice and Social Interaction：Experimental and Theoretical Contributions, from Psychological Research［C］. New York：Springer-Verlag

Mitchell W. 1997. Toward a theory of stakeholder identification and salience：Defining the principle of who and what really counts［J］. Academy of Management Review ,（4）：853-886

Salehfa H, Benson S A. 2003. Electric utility coal quality analysis using artificial neural network techniques［J］. Neurocomputing,（11）

Schumpeter J A. 1969. Essays on economic topics of J. A. Schumpeter（Essay and general literature index reprint series）［M］. Kennikat Press

Thibaut J, Walker L. 1975. Procedural Justice：A Psychological Analysis. Hillsdale, NJ：Erlbaum

Tidd J, Bessant J , Pavitt K. 2005. Managing Innovation：Integrating Technological, Market and Organizational Change［M］. 3rd. Edition. London：John Wiley & Sons

Wheeler D, MariaS. 1998. Including the stakeholders：The business cade［J］. Long Range Planning,（2）：201-210

Wolfe R A. 1994. Organizational innovation: Review, critique and suggested research directions [J]. Journal of Management Studies, 31 (3): 405-431

Zapata-Phelan C P, Colquitt J A, Scott B A, et al. 2009. Procedural Justice, Interactional Justice, and Task Performance: The Mediating Role of Intrinsic Motivation [J]. Organizational Behavior and Human Decision Processes, 108 (1): 93-105

附　　录

哲学社会科学创新能力评价指标相对重要性排序调查

尊敬的专家：

首先感谢您参与此次问卷调查。

您的意见和看法将仅用于研究目的。本问卷不需要署名。

1. 调查目的

为了利用层次分析法来确定各指标的权重，克服各专家对具体指标相对重要性的判断上的误差，首先确定各指标的相对重要性，然后再请专家根据已确定重要性的排序，建立判断矩阵。

2. 相关概念

（1）哲学社会科学创新能力是指哲学社会科学创新主体在探讨人类社会现象、历史现象、精神现象以及人与自然的关系问题等创新活动中取得新思想、新知识、新发现、新见解、新领域、新问题、新运用、新事物等所具备的本领、技能、潜力和相关资源。

（2）哲学社会科学创新能力的构成要素包括创新投入能力、创新运行能力和创新产生能力三个方面。

（3）哲学社会科学创新投入能力取决于三个方面：科研队伍、科研经费和基础设施。

（4）哲学社会科学创新运行能力取决于三个方面：社会支持、管理机制和组织文化。

（5）哲学社会科学创新产出能力表现为三个方面：科研产出、学科建设和社会贡献。

3. 具体操作

假设有三个指标：科研队伍（U_{11}）、科研经费（U_{12}）和基础设施（U_{13}）。

如果认为 U_{11} 比 U_{13} 重要，U_{13} 比 U_{12} 重要，那么就有排序结果：$U_{11} > U_{13} > U_{12}$。

4. 请提建议

如果认为哪个指标设置不当或内容不足，请提出来，深表谢意！

5. 调查内容

（1）一级指标相对重要性排序

一级指标	排序结果
创新投入（U_1）	
创新运行（U_2）	
创新产出（U_3）	

（2）创新投入（U_1）下属二级指标相对重要性排序

二级指标	排序结果
科研队伍（U_{11}）	
科研经费（U_{12}）	
基础设施（U_{13}）	

（3）科研队伍（U_{11}）下属三级指标相对重要性排序

三级指标	排序结果
哲学社会科学学科博导人数（U_{111}）	
教师队伍中社科英才人数（U_{112}）	
高级职称占教师总人数的比例（U_{113}）	
教师队伍中全时 R&D 人员的比例（U_{114}）	

（4）科研经费（U_{12}）下属三级指标相对重要性排序

三级指标	排序结果
当期科研支出经费（U_{121}）	
当期全时 R&D 人员人均科研经费（U_{122}）	

(5) 基础设施（U_{13}）下属三级指标相对重要性排序

三级指标	排序结果
教育部人文社科重点研究基地数（U_{131}）	
图书馆信息资源量（U_{132}）	
信息资源采集便捷性（U_{133}）	

(6) 创新运行（U_2）下属二级指标相对重要性排序

二级指标	排序结果
社会支持（U_{21}）	
管理机制（U_{22}）	
组织文化（U_{23}）	

(7) 社会支持（U_{21}）下属三级指标相对重要性排序

三级指标	排序结果
当期参加国际学术会议全时R&D人员比例（U_{211}）	
与国外建立交流合作关系的学科数的比例（U_{212}）	
当期国家社科基金项目数（U_{213}）	
当期全时R&D人员人均承担国家社科基金项目数（U_{214}）	
生活环境的和谐程度（U_{215}）	

(8) 管理机制（U_{22}）下属三级指标相对重要性排序

三级指标	排序结果
创新战略的科学程度（U_{221}）	
创新激励机制的完善程度（U_{222}）	
组织协调的效率程度（U_{223}）	

(9) 组织文化（U_{23}）下属三级指标相对重要性排序

三级指标	排序结果
学术氛围的宽松程度（U_{231}）	
创新倾向的强烈程度（U_{232}）	
对待创新成果的宽容程度（U_{233}）	

(10) 创新产出（U_3）下属二级指标相对重要性排序

二级指标	排序结果
科研产出（U_{31}）	
学科建设（U_{32}）	
社会贡献（U_{33}）	

(11) 科研产出（U_{31}）下属三级指标相对重要性排序

三级指标	排序结果
当期全时 R&D 人员人均出版专著数（U_{311}）	
当期提交有关部门的研究报告数（U_{312}）	
当期 SSCI、A&HCI 收录论文数（U_{313}）	
当期 SSCI、A&HCI 被引论文次数（U_{314}）	
当期 ISSHP 收录论文数（U_{315}）	
当期全时 R&D 人员人均 CSSCI 收录论文数（U_{316}）	
当期 CSSCI 被引次数（U_{317}）	

(12) 学科建设（U_{32}）下属三级指标相对重要性排序

三级指标	排序结果
国家重点学科数（U_{321}）	
博士后流动站与博士点数（U_{322}）	

(13) 社会贡献（U_{33}）下属三级指标相对重要性排序

三级指标	排序结果
当年授予硕士、博士学位数和出站博士后人数（U_{331}）	
全国百篇优秀博士学位论文数（U_{332}）	
国家哲学社会科学基金项目优秀成果奖获奖数（U_{333}）	
中国高校人文社会科学研究优秀成果奖获奖数（U_{334}）	

再次深深感谢您的参与！